大展好書　好書大展
品嘗好書　冠群可期

序

紫微斗數命學從五、六十年代傳入台灣以後，就一直受到大家的重視與歡迎，甚至蔚成一股研習的風氣，直至二十一世紀的今日，仍舊是風華不減，至於對未知的將來，相信也一樣有著其令人著迷的延傳魅力。

這兩、三年來，幾乎都沒有提筆再寫過相關的著作，但只要是路過書店或書坊，也都會刻意地去瀏覽一下，看看有沒有比較新穎突出或是具有創意性的作品，畢竟代代有新人輩出，這樣對於紫微斗數延傳的使命，才不至於辜負古人的一番用心與傳承。

在前兩本著作『斗數高手——實戰過招』與『斗數高手——星曜秘儀解碼』中，筆者也盡量不用條文規則去解釋相關內容，畢竟若都是以「背誦」的角度來研習，那可保證的是——你一輩子都背不完——。

這本書是提供給從未研習過紫微斗數的讀者所撰寫，因此在書寫的過程程與內容上，筆者盡其可能地用最簡單且易懂的方式表達解說，希望有緣的讀者能在輕鬆且愉快的情境下，將這門數術的築基穩固，以期日後能優游自在地進入紫微斗數的領域中探討挖寶，筆者在此也先行預祝大家能夠滿載而歸！

本書經歷了一年多的時間才完成，其中也公開了很多竅門與巧門，希望能對大家有所助益。成書之際，非常感謝學員們的幫忙蒐集資料，誠心地在此說聲：謝謝大家！當然更要感謝購買本書的您，也祝福您事事順利、闔家平安快樂！

筆者　姜威國　謹致鳳山寓所

目錄

第三章　人事十二宮

目　錄

附錄參考資料……二四二

第一章　基本理論與理念闡微

本章撰寫的目的，主要是針對一些完全沒有接觸過「五術」的讀友，在甫接觸紫微斗數這門命學之際，一時不知要如何入門，或者是在閱讀研習時，不知其所謂為何？因此將此章列於前篇，期盼有助益於各位研習上之便利。內容上，儘管都是一些最基礎的通論知識，但是對於日後在探討或論斷上，保證有著讓你意想不到的實質效用。

一、陰、陽概念

「五術」的理念架構是源自於《易經》的思想體系，《易經》的思想體系主要在闡述天地間的陰、陽之理，《易經•繫辭傳》曰：「易與天地準，故能彌綸天地之道。」又曰：「夫易何為者也？夫易，開物成務，冒天下之道，如斯而已者也。」而紫微斗數又是「五術」中之一科目，所以對於陰陽概念的建立與認識，自是不可或缺的課目。

《易經》談太極，如《易經•繫辭傳》載曰：「一陰一陽之謂道。」又曰：

「是故，易有太極，是生兩儀，兩儀生四象，四象生八卦。」另，民初中醫學家唐容川說：「太極者，肇造天地人物之真主宰也。」還有歷來我國之先聖先賢如老子有說：「無，名天地之始；有，名萬物之母。有物混成，先天地生。」周敦頤說：「太極是天地未分之象」，又說：「無極而太極。」朱熹曰：「宇宙為一太極，萬物各有一太極，人心亦為一太極。」邵康節說：「太極無為之本也，兩儀天地之祖也。」因此，可以這麼說，太極一動而生兩儀陰與陽，靜為太極之體，動則為太極之用，易之太極陰陽，實則為天地自然變化的能力。

自古以來，太極陰陽概念之論述與闡釋，各家各派都有其獨到的見解。但是在二十一世紀的今日，這些屬於中國古老的陰陽學說是否還適存？或是適用？於現今科學昌明進步的時代呢？答案是：當然可以且無庸置疑。甚至還應該這麼說，時下最先進且最炙手可熱的產物，都跟易之理念吻合且取之用之，如太空與電腦科技，不都是源自於陰陽理念的延伸與應用，電腦二位元0與1，是陰陽概念的應用；再如太空船推進器的爆破原理，根本就是以中國的太極理論衍生而付諸於實務上的應用。

近代名人曾說：「至十九世紀初，英國道爾敦研究物理，認為一切物體，皆由最小之質點原子 Atom 結合而成。」又說：「到了二十世紀初，丹麥人波爾發現原子是由兩種不同性能之物所構成；一種是帶負電荷之電子，一種是帶正電荷之質子。帶正電荷之質子為核心，而帶負電荷之電子圍繞旋行，如行星之繞太陽。由此物理學乃大昌明，而與中國易經所云之太極相吻合。………萬物負陰而抱陽，沖氣以為和，乃真實宇宙之理。」

《易經》中之太極陰陽論，與物理中的陰陽電子理論，實則為一體兩面的說法，但是在提出的時間上，西洋的物理論點大約是在西元一六〇〇多年時所提出的，而中國的太極陰陽理論，卻早在西元前的三、四千年即出現了，相較之下，就可以知道，我們的先聖先賢是多麼具有智慧、多麼地優秀了。

筆者經常於課堂上問學員說：「有沒有人知道《易經》這本書？」回答「有的」，佔了三分之二強；再問：「有看過其中之內容嗎？」此時教室中居然呈現你看我、我看你的尷尬現象（大家都在偷笑著），又問：「有看的懂內容的嗎？」現場一片鴉雀無聲，於是話鋒一轉問道：「聖經、佛經，大家有看過嗎？」這下全部都舉手盛況空前，奇怪吧！其實一點也不奇怪，不信的話，您也不妨用同樣的問題試探一下周遭的同事、朋友，相信你就會見怪不怪囉！

為什麼會有這樣的結局現象？其實道理很簡單，那就是《易經》內容的撰寫是以文言文的體裁為之，再加上文意內容所言，實在是艱澀地難以體會，因此對於一般研習者而言，若是沒有老師的帶領，根本是摸不著門徑可一窺其內容所指。這就是《易經》這本國寶書時下所面臨的最大問題，不是書不好，而是能提起勇氣閱讀探討之研習者少之又少，這的確是一大問題與遺憾，對於《易經》一脈之傳承而言，更是一項很大的阻礙與傷害。但是又能怎樣呢！

前文已將陰、陽之概念，大抵上做了簡要的介紹與闡述，相信大家也有了一些的認識與理解。為了讓大家有進一步的認知，筆者特將於《易經》內容中，對於用在表示陰、陽的文字，以及一般常識中帶有陰、陽意象的文字彙集整理於後，以期有助於大家之研習。

陰	陽
體	用
辱	榮
地	天
近	遠
寒	暑
止	行
愚	智
黑	白
西	東
北	南
凝聚	放射
私	公
無	有

陰	陽
古	今
恨	愛
奸	忠
柔	剛
承	乘
衰	興
苦	樂
夜	日
縮	伸
濕	乾
短	長
閉	開
合	分
亂	理

陰	陽
失	得
弱	強
逆	順
右	左
假	真
醜	美
惡	善
死	生
狹	廣
降	升
終	始
卑	尊
收	放
軟	硬

陰	陽
小	大
低	高
下	上
非	是
暗	明
反	正
女	男
內	外
靜	動
去	來
鬼	神
敗	勝
賤	貴
雌	雄

二、天干、地支意象

於五術而言，天干與地支算是一種陰陽意象符號的表示，天干代表著「陽」的意象，地支代表著「陰」的意象。這就好像在通訊學上的密碼一般，非得需要等到解碼後，才會知道所欲傳達表達的訊息或是資料。

自古以來，由於知識、人文或是文字，沒有這樣地文明與發達，因此對於許多要表達或是要傳遞的意見、訊息，就是靠著天干、地支作為工具，如歲月記載的表示，四季氣候變化的展現表達等。

另外，古來命卜之書中所用的詞語大多艱澀深奧難懂，若非有國學專修之人，否則想要破譯釋疑，實在也是一件非常不容易之事。由是之故，筆者除了將天干、地支列表整理外，另將其意義解釋於後，俾於閱讀時之方便。

＊十天干相關資料表

所屬／十天干	甲	乙	丙	丁	戊	己	庚	辛	壬	癸
陰陽	陽	陰	陽	陰	陽	陰	陽	陰	陽	陰
五行	木		火		土		金		水	

十天干：主施，主發散。與天體向左順行運轉同。

甲：始甲而出也，即萬物孚甲而出是也。

乙：軋也，屈也，即是物蓄屈有節欲出之意。

丙：炳也，萬物皆炳然光明而強大。

丁：實也，強也。

戊：茂也，萬物生而出之，萬物伐而入之。

己：起也，無所為而得己也，萬物含秀者抑屈而起也。

庚：故也，更換也。

辛：新也，陰始成之意。

壬：任也，妊而為胎也，即陰始妊之意。

癸：揆度也。

*十二地支相關資料表

十二地支＼所屬	陰陽	五行
子	陽	水
丑	陰	土
寅	陽	木
卯	陰	木
辰	陽	土
巳	陰	火
午	陽	火
未	陰	土
申	陽	金
酉	陰	金
戌	陽	土
亥	陰	水

十二地支：主受，主內斂。與天體向右逆行運轉異

有關十二地支的應用，在五術各科目中，所涉及之範圍甚廣且實用，基因於

此，筆者亦特收集並彙整有關之古籍所載資料，供作大家研習參考之便。

——《班固白虎通五行篇》——（由於內容過於繁瑣，僅就其中重點摘錄）

「『寅』者，是演的意思。於十二律呂是屬太簇。簇者，湊也，亦即言萬物大湊地而出，是為一月，氣生，此時少陽盛於卯。

『卯』者，是茂的意思。十二律呂屬夾鐘。夾者，孚甲也，亦即言萬物孚甲，種類眾分，是為二月，而夾鐘衰於辰。

『辰』者，是為震之意。十二律呂屬姑洗。姑者，故也；洗者，鮮之意，亦即言萬物皆去其故、就其新而莫不鮮明，是為三月。

一月、二月、三月，是屬春天。春天者，陰中陽顯之象，故為少陽。少陽過後，繼之以太陽，太陽始見於巳。

『巳』者，是萬物必起之意。十二律呂中屬仲呂。起者，是陰氣始凝伏於陽下之象；仲呂，是言陽氣極將彼故復中難之也，是為四月，太陽盛壯於午。

『午』者，是萬物滿長之意。十二律呂中屬蕤賓，蕤者，下也；賓者，敬也，亦即言陽氣上極，陰氣始敬而退，時為五月。此時太陽衰於未。

『未』者，是味的意思。十二律呂中屬林鐘。林者，眾多是也，亦即言萬物成熟且種類眾多，時為六月。

四月、五月、六月，是屬夏天。夏天是為陽極時期，故稱其為太陽。太陽過後，陰氣已然開始顯現，因此，少陰則繼太陽而見於申。

『申』者，是身的意思，亦可將其解釋為成熟之意。十二律呂中屬夷則，夷者，傷也；則者，法則也，亦言萬物始傷而被判刑。時為七月，此時少陰盛於酉。

『酉』者，是為萬物收斂之意。十二律呂中屬南呂。南者，任也。亦即言陽氣尚有任生薺麥，故陰拒之也。時為八月，少陰衰於戌。

『戌』者，是為滅之意。十二律呂中屬無射。射者，終也，亦即謂萬物隨陽而終也，當復隨陰起無有終，時為九月。

七月、八月、九月，是屬秋天。秋天已是陽終陰顯之象，故為少陰。少陰過後繼之以太陰而見於亥。

『亥』者，是仰的意思。仰者，陽氣始凝伏於陰下之意。十二律呂中屬應鐘。

鐘者，動也，亦即言萬物應陽而動之下藏也。時為十月，此時太陰壯於子。

『子』者，是孳的意思。十二律呂中屬黃鐘。黃者，中種之意也；鐘者，動也。亦即言陽氣動於黃泉之下，動養萬物，時為十一月，太陽衰於丑。

『丑』者，是紐的意思。十二律呂中屬大呂。呂者，拒也，亦即言陽氣欲出，但陰不許，強仰拒難之意也，時為十二月。

十月、十一月、十二月，是屬於冬天。冬天為陰極盛之時期，故稱之為太陰。太陰過後，陽氣已開始復甦，故少陽繼太陰而見於寅。

如此，陽陰交替而形成四時，四時即為一年之意。土為中宮，是無月令應之，但均在四季交替之際。故土是主養四季的，故其屬於『四季土』。」

【註】：

「十二律呂」：

1.六律：黃鐘、太簇、姑洗、蕤賓、夷則、無射。

2.六呂：林鐘、南呂、應鐘、大呂、夾鐘、仲呂。

十二律呂，是為古代一種音律之學，始源於上古伏羲氏，至皇帝乃命樂官伶倫模彷鳳之鳴聲製箫而吹之。依雄鳳之鳴聲為六，是為「陽律」，以雌鳳之鳴聲為六，是為「陰律」。其中一律生五音，十二律則生六十音，配時令，合大自然中風、雨、霜、雪、寒、暑之象。

其中之「五音」分別為：

- 宮：為土音，為中心。是為人身之喉部音。
- 商：為金音，為章。人身之齒音。
- 角：為木音，為觸也。人身之牙音。
- 徵：為火音，為祉。人身之舌音。
- 羽：為水音，為宇也。人身之唇音。

另外，生肖與與地支間的相互應用關係，在五術科目中更可說是一體兩面的資訊，這在許多古文或是歌訣祕法中均可看到。之所以會這樣，主要是在於其中陰陽現象之應用與比擬，兩者之間有著非常實質且互比的作用。因此亦將其彙集摘錄，期使大家能從其中所暗藏的訊息發掘解密，甚者更能領悟並廣為應用，如此亦不辜負古人誠摯的用心了。

•生肖與十二地支

子肖鼠　丑肖牛　寅肖虎　卯肖兔　辰肖龍　巳肖蛇

午肖馬　未肖羊　申肖猴　酉肖雞　戌肖狗　亥肖豬

•摘錄自古籍《七修類纂》——

仁和郎漢云：「地支肖屬十二物，人言取其不全者予以庶物，豈止十二不全哉？子鼠以地支在下，各取其足爪，於陰陽上分之，如子雖屬陽，上四刻乃昨夜之陰，下四刻今日之陽，鼠前足四爪象陰，後足五爪象陽故也。丑屬陰，牛蹄分也。寅屬陽，虎有五爪。卯屬陰，兔缺唇且四爪也。辰屬陽，乃龍五爪。巳屬陰，蛇舌分也。午屬陽，馬蹄圓也。未屬陰，羊蹄分也。申屬陽，猴五爪。酉屬陰，雞四爪也。戌屬陽，狗五爪也。亥屬陰，豬蹄分也。」

又曰：「子為陰極，幽潛隱晦，以鼠配之，鼠藏跡也。午為陽極，顯明剛健，以馬配之，馬行快也。丑為陰也，俯而慈愛生焉，以牛配之，牛有舐犢。未為陰也，仰而采禮行焉，以羊配之，羊有跪乳。寅為三陽，陽勝而暴，以虎配之，虎性暴也。申為三陰，陰勝則黠，以猴配之，猴性剛也。日生東而有西酉雞，月生西而有東卯兔，凡此陰陽交感之義，故曰卯酉為日月之私門也。夫兔舐雄毛則成孕，雞合踏而無形，皆感而不交者，故卯酉屬雞兔。辰巳陽起而動作，龍為盛，蛇象之，故龍蛇配焉，龍蛇變化之物也。戌亥陰斂而潛寂，犬司夜，豬鎮靜，故狗豬配焉，狗豬守時之物也。」

「觸機法」是五術術法中最為高級的應用，類同於「梅花易數」，兩者之間有著異曲同工之妙。而前者玄妙的應用法寶即是在「十二生肖」精髓理論，因此對於上文中之所述，讀者可以逕行多花些心思與時間去解析領悟，相信一定可以從其中得到非常多的心得與收穫。

三、五行概念

中國「五行」的理念觀點其實就是現代物理學所說的「向量」理論，兩者在提出的時間上差異甚遠，一在西元前（中國「五行」的理念），一在西元後（現代物理學），由此可見，中國人的智慧永遠是世界第一流的水準。

「向量」，簡單說，就是因方向的改變會產生能量，但……「五行」有嗎?或許會有很多人有此疑問，當然有。為解決大家的疑惑，茲將其由說明於下：

木：要成長，必定要有能量，且具有著上、下、左、右，生長方向的事實。

火：有向上燃燒的現象，當然會有能量產生。

土：地塊為了要釋放能量，所以會有地震之情事。

金：全方位的向內凝聚力量，所以才會有其堅硬且光華的一面。

水：利用水往下流的力量，而作為發電之用。

如圖示

木　↑ ← → ↓

火　↑

金
→ ↓ ↑ ←
水
↓
土
⇄

五行相關理論

對於上文有關五行理念的說明，相信大家應該瞭解了，接著就來介紹跟五行相關的「相生」與「相剋」理論。

•五行相生

木生火　火生土　土生金　金生水　水生木　木生火

如後圖示：

木↓火↓土↓金↓水↓木

•五行相剋

木剋土　土剋水　水剋火　火剋金　金剋木　木剋土

如後圖示：

木↕土↕水↕火↕金↕木

（五行相剋中之「木剋土」，由於在大自然的世界中，木本來就是生長在土中，所以「木剋土」是為正常的現象。）

• 五行相生相剋綜合圖示：

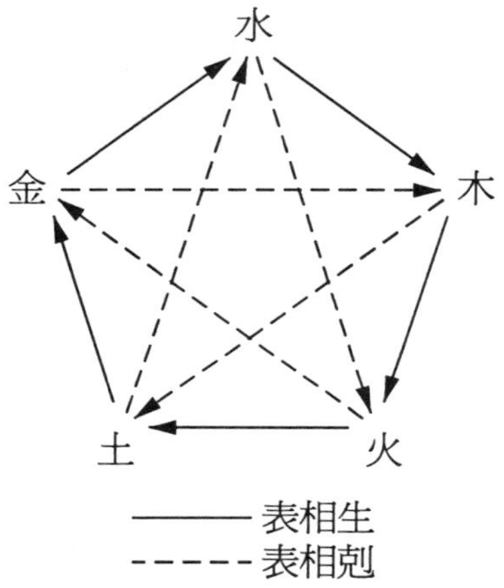

另〈附錄〉：徐大升先生「五行生剋制化宜忌」

• 金旺得火，方成器皿。火旺得水，方成相濟。水旺得土，方成池沼。土旺得木，方能疏通。木旺得金，方成棟樑。（以上為剋之得宜）

• 金賴土生，土多金埋。土賴火生，火多土焦。火賴木生，木多火熾。木賴水生，水多木漂。水賴金生，金多水濁。（以上為生之太過）

• 金能生水，水多金沉。水能生木，木多水縮。木能生火，火多木焚。火能生土，土多火晦。土能生金，金多土變。（以上為洩之太過）

• 金能剋木，木多金缺。木能剋土，土多木折。土能剋水，水多土流。水能剋火，火多水沸。火能剋金，金多火熄。（以上為剋之不及）

• 金弱遇火，必見銷鎔。火弱逢水，必為熄滅。水弱逢土，必為淤塞。土弱逢木，必為傾陷。木弱逢金，必為砍折。（以上為剋之太過）

• 強金得水，方挫其鋒。強水得木，方泄其勢。強木得火，方化其頑。強火得土，方止其燄。強土得金，方制其壅。（以上為洩之得宜）

四、天干、地支相關理論

（一）天干沖合

天干之氣清純、在上，所以其間之沖合關係單純不複雜。

①方向沖剋：

甲庚相剋　乙辛相沖　壬丙相剋　癸丁相沖

②五行沖剋：

丙剋庚　丁剋辛　壬剋丙　癸剋丁

③天干五合

甲己合，化土。乙庚合，化金。丙辛合，化水。

丁壬合，化木。戊癸合，化火。

【註】：

天干之合化說，根據考原所載曰：「五合者，即五位相得而各有合也。河圖一與六、二與七、三與八、四與九、五與十，皆各有合。十干之次言之：一為甲，六為己，故甲與己合；二為乙，七為庚，故乙與庚合；三為丙，八為辛，故丙與辛合；四為丁，九為壬，故丁與壬合；五為戊，十為癸，故戊與癸合。又年起月，日起時，越五則花甲週而復始，而月時同干，亦即五合之義。」

甲己合化土。是為中正之合，具有尊崇重大，寬厚平實之象。

乙庚合化金。是為仁義之合，具有剛柔相濟，仁義兼資之象。

丙辛合化水。是為威制之合，具有煇赫自盛，儀表威肅之象。

丁壬合化木。是為淫暱之合，具有自昧不明，多情易動之象。

戊癸合化火。是為無情之合，具有老少匹配，少長無情之象。

（二）地支相關理論

①三合

寅午戌，火局、南方。
申子辰，水局、北方。
巳酉丑，金局、西方。
亥卯未，木局、東方。

②六合

子丑合，化土。　寅亥合，化木。　卯戌合，化火。
辰酉合，化金。　巳申合，化水。　午未合，日月。

【註】：

地支六合理論於斗數命學上之取用作為「暗合」，因此，罕見於實務論斷上之應用。然而，六合的理論其實具備了陰陽的關係，這就宛如人性一樣，有外在與內在個性的區別展現。

另外，也有依照六合理論而付諸於實務論斷依據的，如『天元變化書』載曰：「子合丑福輕，丑合子福盛。寅合亥福清，亥合寅福慢。戌合卯福虛，卯合戌福厚。辰合酉福弱，酉合辰大利。午合未福慢，未合午大利。巳合申福慢，申合巳官氣盛。如甲午辛未，只是身旺，卻命祿弱；如乙未壬午，雖祿弱粗得。男子忌合絕，女人忌合貴。」如圖表（一）示。

再者，『紫微斗數全書』中對於天殤、天使所展現之福禍緊慢，也似乎跟上述所言有共通之關係理念。

•天傷禍緊宮位：

子、寅、卯、辰、巳、午、未、申、亥。

•天使禍緊宮位：

丑、寅、卯、辰、巳、申、酉、戌、亥。

特將殤使福禍緊慢之圖表附於後。如圖表（二）所示。

•地支六合福禍緊慢圖（一）

巳合申福慢	午合未福慢	未合午大利	申合巳官氣盛
辰合酉福弱	地支六合福禍緊慢圖		酉合辰大利
卯合戌福厚			戌合卯福虛
寅合亥福清	丑合子福盛	子合丑福輕	亥合寅福慢

‧殤使禍福緊慢圖（二）

六丙生人怕傷使二限太歲在此相逢，禍緊，餘宮逢傷使禍輕。	天傷禍緊，若身合為災。天使禍慢。	天傷禍緊。天使禍慢。	六庚生人怕傷使二限太歲在此相逢、禍緊、餘宮逢傷使禍輕。
天傷禍緊。天使禍緊。	**傷使禍福緊慢圖**		天傷禍慢。天使禍緊。
天傷禍緊。天使禍緊。			天傷禍慢。天使禍緊，怕太歲到此，怕遇四殺，必主災惡。
六甲生人怕傷使二限太歲在此相逢，禍緊、餘宮逢傷使，禍輕。	天傷禍慢。天使禍緊。	天傷禍緊，二限到此，逢生主星弱，太歲又凶者，死。天使禍慢。	六壬生人怕傷使二限太歲在此相逢、禍緊、餘宮逢傷使、禍輕。

③**六沖（註）**

子午沖　丑未沖　寅申沖　卯酉沖　辰戌沖　巳亥沖

④**刑**

子卯相刑　辰、午、酉、亥自相刑

丑刑戌，戌刑未，未刑丑。

寅刑巳，巳刑申，申刑寅。

⑤**六害**

子害未　丑害午　寅害巳　卯害辰　辰害卯　巳害寅

午害丑　未害子　申害亥　酉害戌　戌害酉　亥害申

⑥**六破**

子酉相破　丑辰相破　寅亥相破　卯午相破　巳申相破　未戌相破

為了讓各位在研習記憶上更為有利起見，筆者特將其中必看、必讀、必記的部分整理並列表於後，期盼對大家有所助益。

•地支三合局

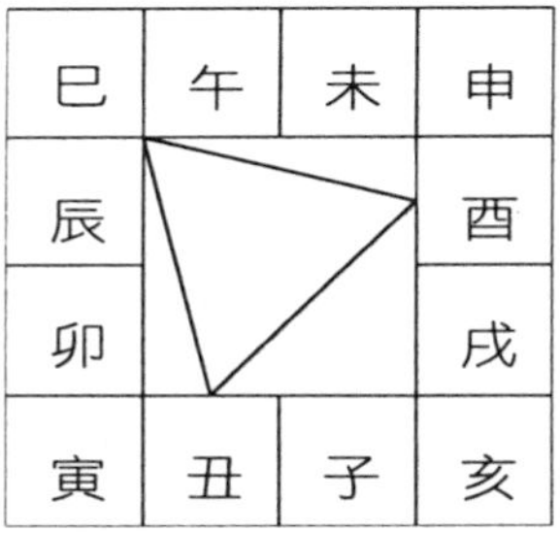
巳
午
未
申
辰
酉
卯
戌
寅
丑
子
亥

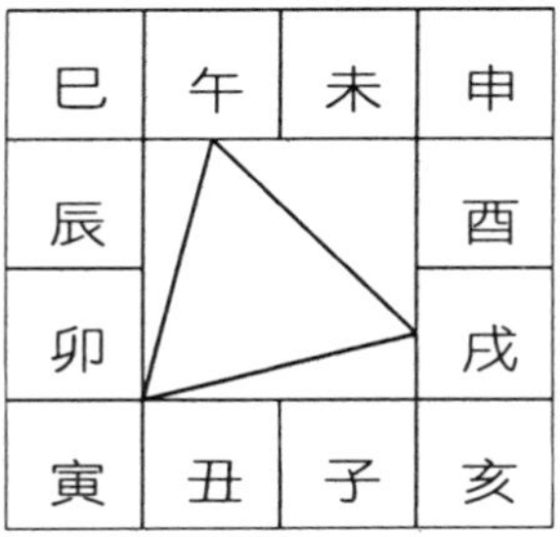
巳
午
未
申
辰
酉
卯
戌
寅
丑
子
亥

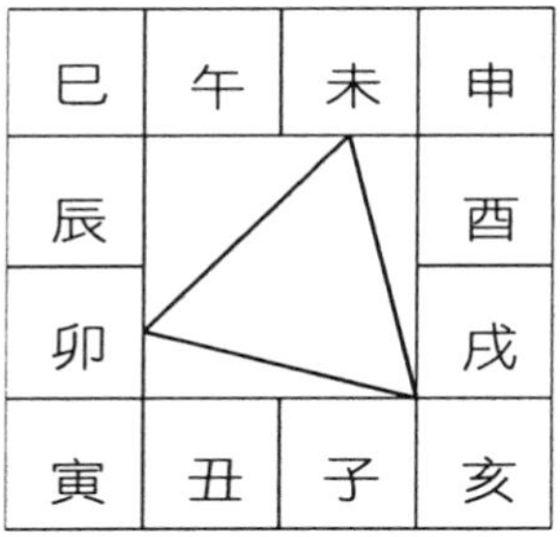
巳
午
未
申
辰
酉
卯
戌
寅
丑
子
亥

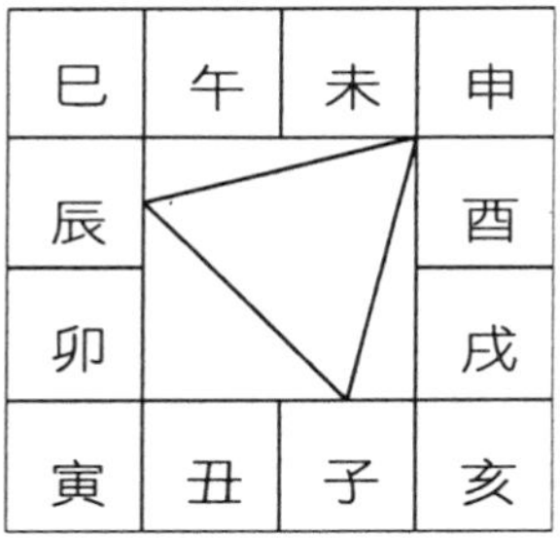
巳
午
未
申
辰
酉
卯
戌
寅
丑
子
亥

• 地支六沖

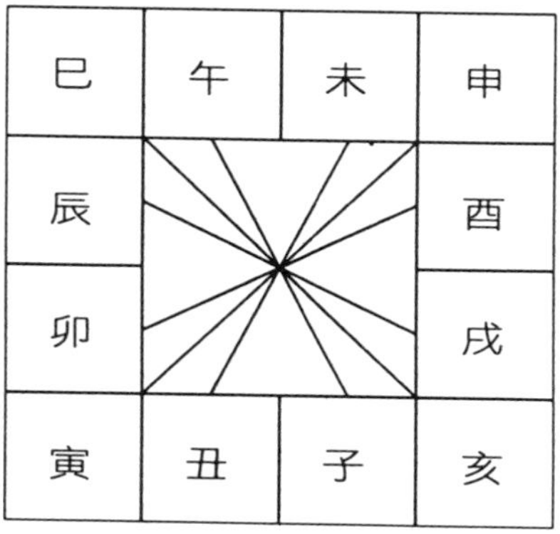
巳
午
未
申
辰
酉
卯
戌
寅
丑
子
亥

• 地支六合

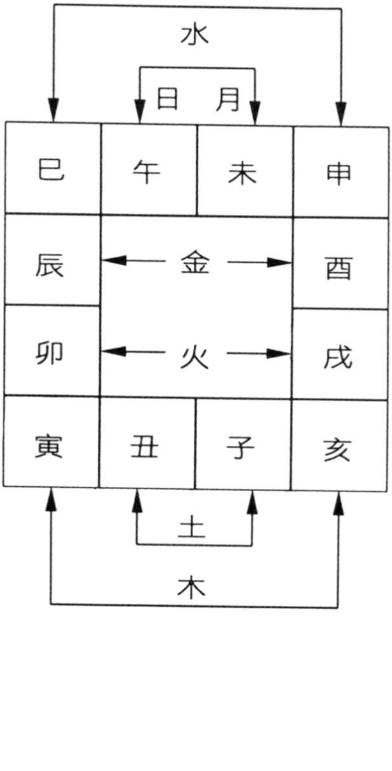
水
日
月
巳
午
未
申
辰
金
酉
卯
火
戌
寅
丑
子
亥
土
木

•地支三會方

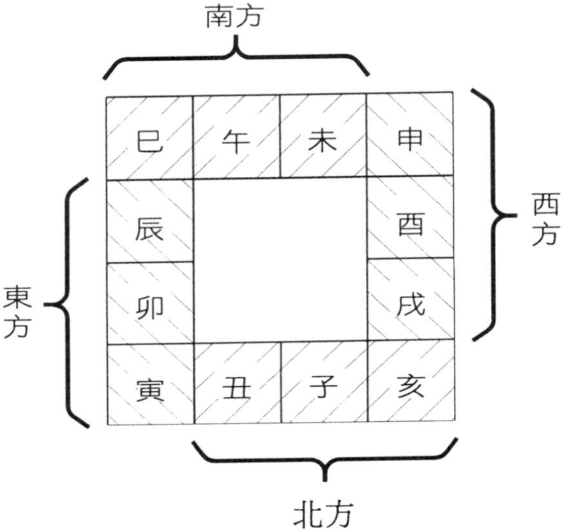
南方
巳
午
未
申
辰
酉
卯
戌
寅
丑
子
亥
東方
西方
北方

•地支六害

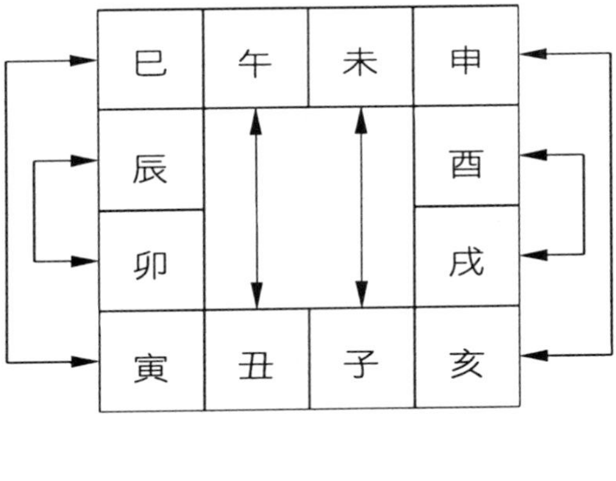
巳
午
未
申
辰
酉
卯
戌
寅
丑
子
亥

【註】：地支六冲論

「地支六冲」之於五術上的應用，可謂是普遍且廣泛，如婚配上，生肖屬鼠者不能與生肖屬馬者論及婚嫁，如地理上的南北或是東西方位的對冲等。但是，對於其中所具有的涵義與隱喻，相信有很多人卻是忽略了，如「化悲憤為力量」、「玉不琢，不成器」等。

有了上述的舉例，相信大家應該已經看出一些的「眉角」了吧！沒錯，「地支六冲」的理論，絕不是僅如其理論般的子午沖、丑未沖等之膚淺，那……至於真正的內涵是啥呢？筆者不才，但為顧及大家認知學習上之權益，也特將古籍中相關的記載彙集整理，期盼對大家有所助益為是。

《三命通會》論衝擊（對面相衝之氣，謂之「七煞」者是也。）曰：

「地支取七位為衝，猶天干取七位為煞之義，如子午對衝，子至午七數，甲逢庚為煞，甲至庚七位，數中六則合，七則過，故相衝擊為煞也。

觀易坤元用六，其數有六無七，七乃天地之窮數，陰陽之極氣也。今書『皀』字從七，本此，蓋，色至於皀，色之極也，不可變矣。

易曰：『七日來復，勿逐。』七日得是也。

相衝者，十二支戰擊之神，大概為凶，然，有為福之甚者，乃衝處相生。如辛巳金見癸亥水之類，主人神清貌俊，襟韻脫俗，軒昂灑落，上視仰面而行；若生旺，主人神剛貌肅，膽氣壯，倜儻敢為，多成敗；死絕則寒酸鄙薄，形容乖劣，動招凶辱，多夭折。若辰戌丑未，四庫所藏，為十干財官印綬等物，尤喜衝擊；若寅申巳亥全，若子午卯酉全，反成大格，不以衝擊論。

若同類相衝，如甲子見甲午，己卯見己酉之類，主多破事業，平生心不閒，剛明有斷，假令祿高名重，終有一失。

又曰：「凡遇一七煞，命吉則衝發，命凶則為禍；如禍聚之地，有他位來衝，謂之破禍成福；如福聚之地，逢他位來衝，則破福成禍；如犯空亡，有下位來衝，亦為破禍成福，年月日時值此，必作食祿之人。若月衝日時，時衝年，各仇讐煞，主無仁無恩，多得憎嫌，或長病、或暴卒。帶劫煞亡神相衝，主犯刑，若在死絕處，主病廢多疾；若帶貴煞入局，有秀氣科名者，多入臺諫，終惡疾而死；帶元辰空亡相衝，不下賤，則貧寒，五行枯瘁則賤，帶秀氣有虛聲。」

另，玉井云：「相衝法，吉象宜來衝我，凶象我欲衝他，如子午相衝，須取用神為我，閑神為他，又看用神有氣耶！有扶耶！閑神有氣耶！有扶耶！」

詩曰：「相衝還是自相生，吉來帝座若無刑，更得華蓋兼權煞，為官清顯統雄兵。」

又曰：「相衝相去要長生，健旺之時祿更亨，貪武若更臨時煞，為官清貴掌雄兵。」

又曰：「生旺連綿見吉神，更兼一七又相鄰，看看直入廟堂裡，權領兵符助聖明。」

又曰：「四衝生處自貧寒，更值凶神不足看，一種邪心忻作賊，父嘗嗔恨子相瞞。」

觀諸以上所言所述，見衝破有吉也有凶，至於其中之關鍵，就在於命之強弱吉凶而已，簡言之，即在命之個性展現是也。

五、天干、地支實務應用

看完了以上有關天干、地支理論的介紹，相信大家對一些基礎的理論觀念，應該也有了或多或少的認識與了解。或許會有人問到說：「前文介紹了這樣多的資訊，但有沒有可以即時應用到的相關事務？」這個問題很實在，也很符合現代人實事求是的態度，答案當然是「有的」。接著我就來介紹這套不但是實在，而且非常具有實用價值的「秘訣」，提供大家於日後使用上之便捷。

或許大家會有這樣的經驗，就是當你有了運途上的疑惑，而去請教命理老師時，大多數的老師會隨口問你是「幾年次生的」？就在當你說出自己是幾年次出生的同時（幾乎），那位老師會立刻說出你的生肖為何！或者是問你今年幾歲？而同時也會立刻地說出你的生肖為何。

想知道這些老師的撇步嗎？那就耐心地看下去囉！

(一)應用生年換算生肖

•先將天干編上號碼

1	2	3	4	5	6	7	8	9	0
壬	癸	甲	乙	丙	丁	戊	己	庚	辛

•再將地支也編上號碼

1	2	3	4	5	6	7	8	9	10	11	12
子	丑	寅	卯	辰	巳	午	未	申	酉	戌	亥
鼠	牛	虎	兔	龍	蛇	馬	羊	猴	雞	狗	豬

•實務案例一：民國57年出生者，該年之干支為何？

①先求天干：以年數之個位數字對照前列之天干編號表。數字「7」，對照表為「戊」，故該年天干為「戊」。

②再求地支：以年數整體除以12，視餘數為何對照前列之地支編號表。

57除以12……餘數為「9」，對照表為「申」，生肖為「猴」。

③綜合①②所得，57年次該年之天干地支為「戊申」。

（二）應用歲數換算生肖

•實務案例二：民國95年37歲，請問出生該年之干支為何？

①習俗上，出生就算一歲。故：

先以 95 － 37 ＝ 58 然後再加 1，得59數

②所得到的59數字，即是出生的年次。

③最後再應用（一）的方法，求出該年之干支。

④故，所得該出生年干支為「庚戌」，生肖為「狗」。

六、黃道十二宮的中、西用法

「黃道十二宮」，其實所講的就是指「十二地支」。這樣一來，或許大家又會開始產生疑惑，既然是中國固有的東西，為何又會跟西洋扯上關係。其實，這其間

所差異的不過是思想體系的不同罷了，中國所用的是太陰體系，而西洋則是用太陽體系。兩套系統儘管有著思想體系上的差異，抑或是有著名稱上的不同，但奇怪的是不論在敘述的內容上，或是在描繪解析演繹的論點上，卻有著不約而同與異曲同工之神似處。大概已經有許多人已經開始在懷疑，哪有可能？為使大家的疑惑得以解開，以下就將兩者類似之處分別敘述於後，以供作大家參考比較之。

(一)西洋星座學

(1)四分法

①地象星座

包含：處女座、金牛座、魔羯座。

代表意象：包容性，穩定性，母性，物質慾，需求養成。

②水象星座

包含：雙魚座、天蠍座、巨蟹座。

代表意象：不穩定性，感性，神秘性，情緒性，心靈追求，情感敏銳。

③火象星座

包含：射手座、獅子座、白羊座。

代表意象：正直剛烈，開朗活潑，堅毅持久，直來直往，好勝不服輸。

④風象星座

包含：雙子座、寶瓶座、天秤座。

代表意象：智慧情感，靈巧機變，追求時尚，法規原則，求新求變。

(2)三分法

①固定星座

包含：寶瓶座、獅子座、金牛座、天蠍座。

代表意象：穩固穩定，誠信厚實，歸納整合、領導統御。

②活躍星座

包含：白羊座、魔羯座、巨蟹座、天秤座。

代表意象：調解融合，領導機制，規劃策略。

③變動星座

包含：雙子座、處女座、雙魚座、射手座。

代表意象：精神心靈，探索冒險，性向兩端，不甘寂寞。

以上是西洋星座根據著星性、星情，以及參融了大自然氣數綜合演繹而成的論述，很傳神也極具有創意與其思想觀點，

(二)中國的命理學

中國命理學是根據著「黃道十二宮」的理念，而演繹出「地支十二宮」的理論予以對照應用。然而，由於西洋星座學是以太陽為中心所衍生出的理論，而中國命理學則是以太陰為依據所訂定的一套理論，因此在形式上或許有所類似，但是在實務上卻有著不同的立論基礎。

以下亦將中國命理學之「四分法」與「三分法」分列於後供作參考。

(1)四分法

「四分法」即是地支三合局五行的演繹。

①木局：
組成宮位：亥宮、卯宮、未宮。
意象：曲直格，生命力，發展性。
比較：相當於西洋星座學的「水象星座」。

②火局：
組成宮位：寅宮、午宮、戌宮。
意象：炎上格，光明磊落，活潑開朗，正直剛烈。
比較：相當於西洋星座學的「火象星座」。

③金局：
組成宮位：巳宮、酉宮、丑宮。
意象：從革格，去舊佈新，內煉剛直，法條原則。
比較：相當於西洋星座學的「地象星座」。

④水局：
組成宮位：申宮、子宮、辰宮。

意象：潤下格，隨和隨性，智慧機變。

比較：相當於西洋星座學的「風象星座」。

(2)三分法

「三分法」是根據著「黃道十二宮」間氣數效應所歸納分類。

①四生宮位：

組成宮位：寅宮、申宮、巳宮、亥宮。

意象：轉變，隨機變化，不定性。

比較：相當於西洋星座學中的「變動星座」。

②四正宮位：

組成宮位：子宮、卯宮、午宮、酉宮。

意象：極致，強勢，掌控。

比較：相當於西洋星座學中的「固定星座」。

③四墓宮位：

組成宮位：辰宮、未宮、戌宮、丑宮。

意象：封閉，固定，氣機暗藏。

比較：相當於西洋星座學中的「活躍星座」。

大體上而言，不論是西洋星座學抑或是中國命理學，在觀點上，雖然有著觀察依據上的差異，但是在實務的論述上，確有著異曲同工之妙。如果各位能夠細心去觀察體會，必然可以心悟意會其中之奧義了。

第二章　紫微斗數星曜佈排介紹

大家都知道紫微斗數命學的主要架構，就在於命盤星曜的佈排，只要有了來論命者的農曆生辰八字資料，即可依此資料將來者的紫微斗數命盤完整的佈排待論。所以，對於如何地將一張紫微斗數命盤正確無誤的佈排，實在是一件最基本的工作。或許有人會說：「現在電腦這樣方便，只要將生辰資料一經輸入，即刻就可以得到一份完整的命盤。」的確，而且我也從不否認這個事實，甚至在課堂上，我也是這樣告訴學員，但卻會提出一個問題：「誰會天天帶著電腦不離身？」因此，研習基礎命盤星曜的佈排，它的功效就是在此。

第一節　宮干的求法

易有太極、太極有陰陽，紫微斗數理念源自於易，故也具備了太極陰陽的理論。命盤中的十二宮位建立在十二地支，十二地支有陰陽之分，所以命盤的架構具備了陰陽；再根據一物一太極的理念，每一個宮位就可視為一個太極，因此，也就必須要符合陰陽的因子，已具備的地支為陰，當然就必須存在一個天干為陽與之對應，這就是本節要介紹的「宮干」求法。

「宮干」的求法是以「五虎遁」為理論依據。如圖示：

〈五虎遁〉

月份＼年干	甲、己	乙、庚	丙、辛	丁、壬	戊、癸
正月	丙寅	戊寅	庚寅	壬寅	甲寅
二月	丁卯	己卯	辛卯	癸卯	乙卯
三月	戊辰	庚辰	壬辰	甲辰	丙辰
四月	己巳	辛巳	癸巳	乙巳	丁巳
五月	庚午	壬午	甲午	丙午	戊午
六月	辛未	癸未	乙未	丁未	己未
七月	壬申	甲申	丙申	戊申	庚申
八月	癸酉	乙酉	丁酉	己酉	辛酉
九月	甲戌	丙戌	戊戌	庚戌	壬戌
十月	乙亥	丁亥	己亥	辛亥	癸亥
十一月	丙子	戊子	庚子	壬子	甲子
十二月	丁丑	己丑	辛丑	癸丑	乙丑

法則：根據命盤主人的出生年所換算出來的「生年干支」，再對照表格，從命盤上的「寅」宮依序排列即成。例如：男命，民國五十二年六月二十日辰時生人，

該年干支癸卯，從表格查照得知起「甲寅」。其餘如圖所示：

•宮干求法實例

丁巳	戊午	己未	庚申
丙辰	男命 民國52.××		辛酉
乙卯			壬戌
甲寅	乙丑	甲子	癸亥

第二節　命宮、身宮、人事十二宮 排法

介紹了宮干的排法後，接著我們就來介紹：命宮、身宮、人事十二宮等宮位的如何排列。

命宮，是一張命盤的太極點，將其定位後，這張命盤才有了生命可言，所以命宮也可以直接解釋為「我」的意象。將命宮定位後，跟我有直接關係的一切事項即「人事十二宮」就因應而出了，畢竟，沒有我的出現，就不可能有所謂的「人事十二宮」。排法如下：

命宮：從寅宮為正月起算順時鐘方向數到出生月份，再從該宮位起子時逆時鐘方向數至出生時辰止，即是為「命宮」所在。

身宮：從寅宮為正月起算順時鐘方向數到出生月份，再從該宮位起子時順時鐘方向數至出生時辰止，即是為「身宮」所在。

人事十二宮：從「命宮」為起點，逆時鐘方向依次排列兄弟宮、夫妻宮、子女

宮、財帛宮、疾厄宮、遷移宮、僕役宮、官祿宮、田宅宮、福德宮、父母宮。如圖所示：

•乾造民國五十二年六月二十日辰時生人

4月 寅時 福德宮 巳	5月 丑時 田宅宮 午	6月 子時 官祿宮 未	丑時 僕役宮 申
3月 卯時 父母宮 辰	男命 民國52・6・20辰		寅時 遷移宮 酉
9月 辰時 命宮 卯			卯時 疾厄宮 戌
○正月 ↑ 兄弟宮 寅	夫妻宮 丑	子女宮 子	辰時 財帛宮 亥

※身宮，沒有自己獨立的宮位，它只依附在人事十二宮中的奇數宮位如命宮、夫妻宮、財帛宮、遷移宮、官祿宮、福德宮等。圖示中是以〔一〕表之。

第三節　命局數

命局數是斗數命學中特有的一套理論，在其他命學系統中是沒有的。這套理論主要的訴求有二：一為求紫微星，二為定大限運的起始歲數。

法則：以命宮干支為主，來求取其所屬之干支納音五行。

步驟：首先將天干定位（癸），再以癸位當起點順時鐘方向一次數兩個地支，數到所求地支為止（卯），然後視其所坐落的位置五行為何，則此癸卯的五行即是（金）。但若是所求的干支為癸酉，那數法就不一樣了，「順三順數」是此套理論的關鍵重點處，也就是說，當地支屬到第三位五行處時，若還未能數到所要的地支，那就必須再回到原點再繼續數，不能順數至第四位五行處，如所求的干支為癸酉，數到五行水位時，地支只數到辰巳，還未達到酉，故須拉回木位（癸的起始點），再繼續數至金位為申酉，此時即到了我們的所求「酉」，而其所坐落的位置五行屬「金」，因此癸酉的五行即是金。如圖示：

一、納音五行之「掌中訣」圖：

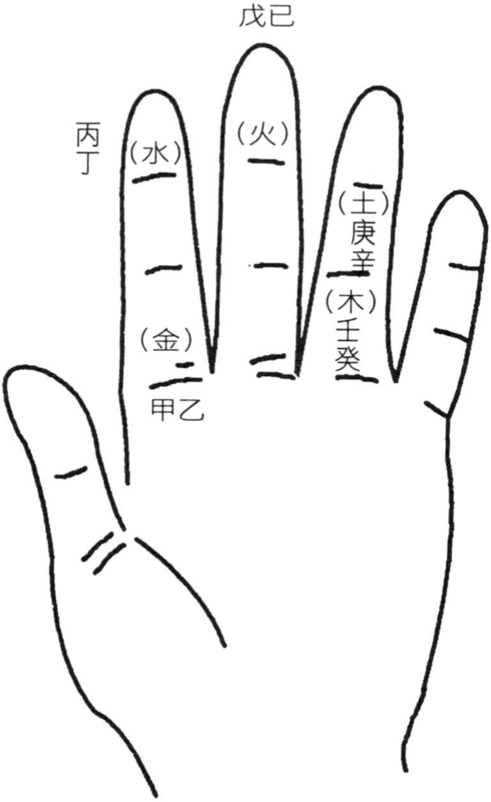

二、命宮癸卯之納音五行

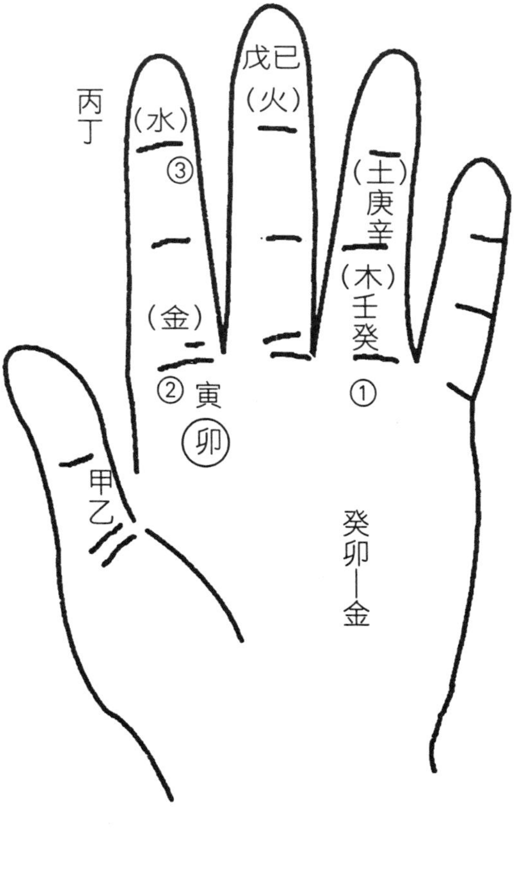

三、命宮癸酉之納音五行

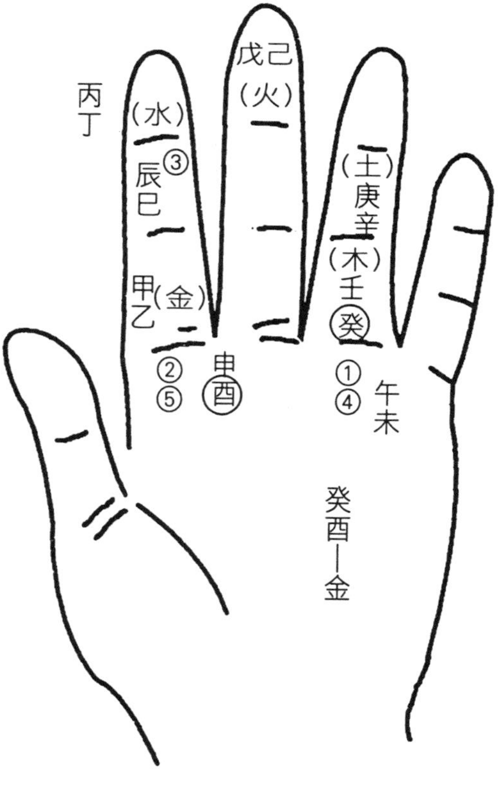

最後將所求出來的五行加入數字即：

水二局　木三局　金四局　土五局　火六局

附錄：「干支納音五行」古籍資料

一、六十花甲子納音歌訣

甲子乙丑海上金　丙寅丁卯爐中火　戊辰己巳大林木
庚午辛未路傍土　壬申癸酉劍鋒金
甲戌乙亥山頭火　丙子丁丑澗下水　戊寅己卯城頭土
庚辰辛巳白臘金　壬午癸未楊柳木
甲申乙酉泉中水　丙戌丁亥屋上土　戊子己丑霹靂火
庚寅辛卯松柏木　壬辰癸巳長流水
甲午乙未砂中金　丙申丁酉山下火　戊戌己亥平地木
庚子辛丑壁上土　壬寅癸卯金箔金
甲辰乙巳覆燈火　丙午丁未天河水　戊申己酉大驛土

庚戌辛亥釵釧金　壬子癸丑桑拓木
甲寅乙卯大溪水　丙辰丁巳砂中土　戊午己未天上火
庚申辛酉石榴木　壬戌癸亥大海水

二、天干納音記憶訣

甲乙錦江煙　丙丁沒谷田
戊己營堤柳　庚辛桂杖錢
壬癸林鐘滿　花甲納音存

三、地支納音記憶訣

子午銀燈掛壁鉤　辰戌煙滿寺鐘樓
寅申漢地燥柴溼　納音須向此中求

・地支納音圖表記憶：

子午			辰戌			寅申		
銀（金）	甲子、甲午	乙丑、乙未	煙（火）	甲戌、甲辰	乙亥、乙巳	漢（水）	甲申、甲寅	乙酉、乙卯
燈（火）	丙寅、丙申	丁卯、丁酉	滿（水）	丙子、丙午	丁丑、丁未	地（土）	丙戌、丙辰	丁亥、丁巳
掛（木）	戊辰、戊戌	己巳、己亥	寺（土）	戊寅、戊申	己卯、己酉	燥（火）	戊子、戊午	己丑、己未
壁（土）	庚午、庚子	辛未、辛丑	鐘（金）	庚辰、庚戌	辛巳、辛亥	柴（木）	庚寅、庚申	辛卯、辛酉
鉤（金）	壬申、壬寅	癸酉、癸卯	樓（木）	壬午、壬子	癸未、癸丑	溼（水）	壬辰、壬戌	癸巳、癸亥

第四節　求紫微星

賦文云：「紫微星，率列宿而奔馳。」紫微斗數命學即是以紫微星掛帥，進而演繹出一套探討人生吉凶禍福的命學架構，所以紫微星的安佈，的確是一件極其重要的手續。

一般坊間的書籍大概都是表格式的對照介紹，沒啥創意，在這，筆者特公布一套不用看表格且能輕鬆地找出紫微星的位置。這樣一來，即使沒有帶表格或電腦，您也可以不用擔心無法排命盤無奈了。

法則：

公式：$$\frac{\text{生日}+(x)}{\text{命局數}}=y\ (\text{整除})$$

$z=y+x$　z 即紫微星所坐落的宮位

4 巳	5 午	6 未	7 申	−5
3 辰			8 酉	−4
2 卯			9 戌	−3
1 寅	12 丑	11 子	10 亥	
	0	−1	−2	

①所加之 x 數，若為偶數則 $z = y + x$

②所加之 x 數，若為奇數則 $z = y - x$

③所加之 x 數，一定要以最小的正數或0。

代入前述命盤的資料，如下：

$$\frac{20+0}{4}=5$$

$z = 5 + 0 = 5$　此即紫微星坐落之宮位

將生辰資料代入公式後，也求出來數字為5，但眾所周知地命盤中那裡有數字呢？沒關係，自己創立設定，如上圖所示：

法則：

1.定寅宮為1，順數至無限。

2.逆數則為0，-1，-2……至無限。

3.所求數字為5，則紫微就是在5（午）宮的位置，即成。

第五節　安紫微星系與天府星系

紫微星系與天府星系是紫微斗數命學中的主星曜架構群，它的數量一共是一十四顆，在斗數系統中也都被列為甲級星曜，亮度與氣數都是最強的，因此它被列在首要的安佈內容。

一、紫微星系

安佈這組星系沒甚麼竅門，就是接續前節找出紫微星的坐落點後，再按照口訣排列即可。

•紫微星系佈排歌訣：

「紫微逆去是天機，空一太陽武天同；
空二是爲廉貞宿，空三見逢紫微郎。」

※注意歌訣中圈圈的圖誌。

如圖示：

← 逆

天機	紫微　午		
	男命 民國56·6·20辰		
太陽			廉貞
武曲	天同		

二、天府星系

紫微星系的安佈要先用「命局數」為前導找出紫微星之坐落所在，那天府星系呢？很簡單。假想紫微星為皇帝，天府星為皇后，要想知道皇后在哪裡，只要找到皇帝就ＯＫ啦！

＊紫微星與天府星相互坐落關係圖

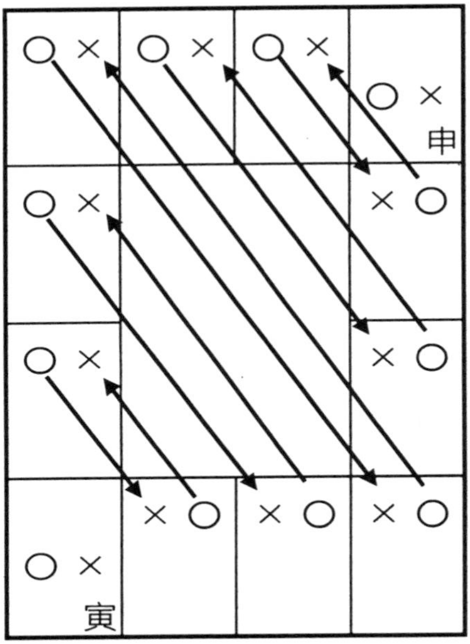

註：寅申宮、紫微、天府為同宮關係

由此關係圖中找到了天府星的坐落點後，接著就可以來安佈天府星系中的諸星了。

•天府星系佈排歌訣：

「天府太陰貪狼巨，天相天梁與七殺；空三是爲破軍星，空一再見天府宿。」

如圖示：

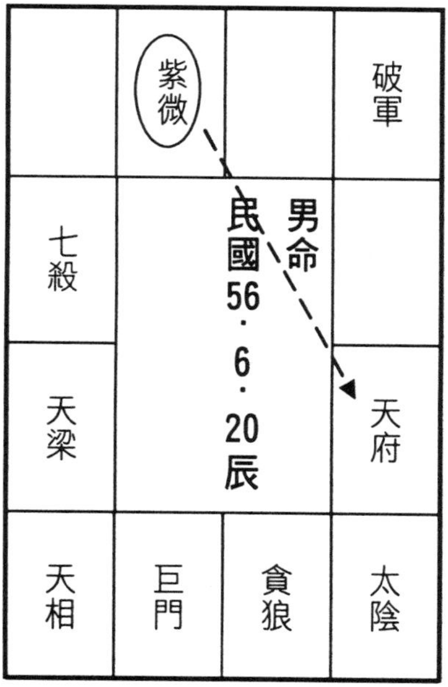

第六節　安生年干支諸星

談完了紫微與天府星系諸星的佈排法後，接著就來介紹與生辰八字有關的星曜佈排，為了解決大家日後在排盤時的困擾，筆者特別將其按照年月日時的順序介紹，希望此舉能對大家有所助益。

一、安生年干星曜

第一組：祿存、擎羊、陀羅三星

排列這組星曜，首先要將祿存定位，然後再依照「前羊後陀」的口訣分別安之。

- **祿存星：又稱「十干祿」，有錢財、寶藏之意。當然，也是大家所喜愛的。**

排法如下：

〈十干祿位〉

十天干	祿位
甲	寅
乙	卯
丙	辰
丁	巳
戊	午
己	未
庚	申
辛	酉
壬	戌
癸	亥

※祿存星不入四墓宮位即辰、戌、丑、未。

其它兩星的安佈，如下圖：甲年生人

巳	午	未	申
辰	**甲年生人**		酉
(擎羊) 卯			戌
(祿存) 寅	(陀羅) 丑	子	亥

第二組：天魁星　天鉞星

這組星是斗數「六吉星」之一，其餘還有左輔、右弼，文昌、文曲等；另外，天魁星亦稱「天乙貴人」，為陽貴人；天鉞亦稱「玉堂貴人」，是為陰貴人。

•魁鉞星之排法歌訣：

「甲戊庚牛羊，
乙己鼠猴鄉，
丙丁豬雞位，
壬癸兔蛇藏，
六辛逢馬虎，
此是貴人鄉。」

※貴人星不入辰、戌宮位。

前述命盤依照歌訣代入，如圖示：

●男命民國52年生人之魁鉞星

天鉞 巳	午	未	申
辰	男命 民國52年 癸卯 （壬癸兔蛇藏）		酉
天魁 卯			戌
寅	丑	子	亥

其餘範例圖表如次

•魁鉞星整理圖

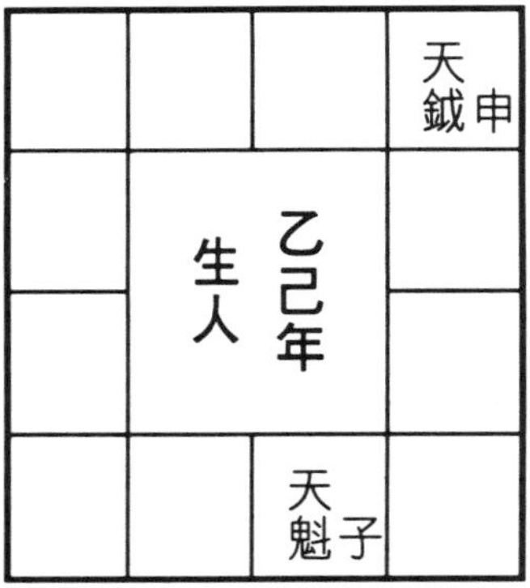

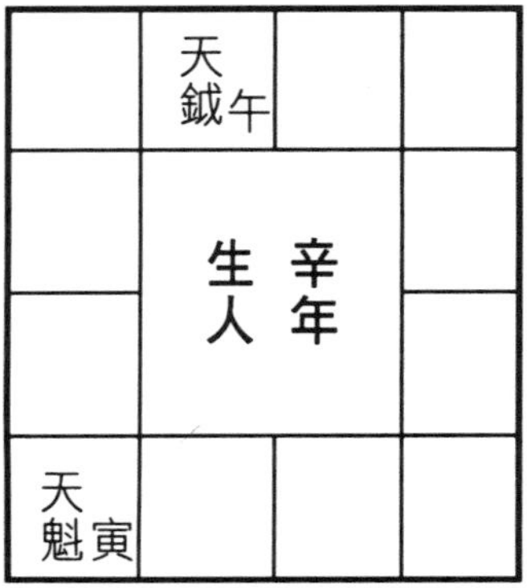

第三組：天官星　天福星

天官星、天福星二星是屬於乙級星曜。排法介紹如下：

• 安天官星歌訣

甲年在未、乙年在辰、丙年在巳、丁年在寅、戊年在卯

己年在酉、庚年在亥、辛年在酉、壬年在戌、癸年在午

• 安天福星歌訣

甲年在酉、乙年在申、丙年在子、丁年在亥、戊年在卯

己年在寅、庚年在午、辛年在巳、壬年在午、癸年在巳

圖示如次：

年干 \ 星名 \ 級星	天官（乙）	天福（乙）
甲	未	酉
乙	辰	申
丙	巳	子
丁	寅	亥
戊	卯	卯
己	酉	寅
庚	亥	午
辛	酉	巳
壬	戌	午
癸	午	巳

第四組：十干四化

「四化」的架構在紫微斗數命學中，可算是一套極具重要性的理論，因為它具有論斷吉凶禍福契機點的功效。因此，對於一般研習斗數命學者，莫不將其視為「神」的關鍵重要課題；然而，只要不犯了捨本求末的大前題，「四化」的架構理論倒是可以多去體會揣摩一番，畢竟它是衍生自「四象」的概念，其中的陰陽、消長、升降現象的體悟，正好可以加強實務命盤論斷的推演。

・十干四化

	化祿	化權	化科	化忌
甲	廉貞	破軍	武曲	太陽
乙	天機	天梁	紫微	太陰
丙	天同	天機	文昌	廉貞
丁	太陰	天同	天機	巨門
戊	貪狼	太陰	右弼	天機
己	武曲	貪狼	天梁	文曲

庚	太陽	武曲	天府	天相
辛	巨門	太陽	文曲	文昌
壬	天梁	紫微	左輔	武曲
癸	破軍	巨門	太陰	貪狼

對於「十干四化」理論中比較具有爭議的是『庚年四化』，為了讀者研習上的權益，特將時下有關的資料彙集整理如下，以供作大家之研習參考。

書名	編著者	化祿	化權	化科	化忌
十八飛星策天紫微斗數	陳希夷	陽	武	月	同
紫微斗數全書	陳希夷	陽	武	同	月
紫微斗數宣微	觀雲主人	陽	武	府	同
紫微斗數考證	梁湘潤	陽	武	月	同
紫微斗數研究	潘子漁	陽	武	府	相
天文紫微斗數	阿部泰山	陽	武	月	同
中州派紫微斗數講義	王亭之	陽	武	府	同

斗數玄關	堃 元	陽	武	同	月
紫微斗數新詮	慧心齋主	陽	武	同	月
紫微喜忌神大突破	楚 皇	陽	武	同	月
正統飛星紫微斗數	陳岳琦	陽	武	同	相
紫微命譜	沈平山	陽	武	月	同
紫微斗數秘儀	蔡明宏	陽	武	月	同
天地人紫微斗數真機	正玄山人	陽	武	府	同
紫微斗數推命數	鮑黎明	陽	武	月	同
紫微斗數七段式斷法	吳 情	陽	武	月	同
斗數精華活盤應用	鍾直霖	陽	武	同	相
紫微闡微錄評註	張耀文	陽	武	府	同
仙宗斗數（二）	正玄山人	陽	武	府	月
天網搜奇錄	紫微楊	陽	武	月	同

※不參與四化作用的主星曜有：七殺、祿存。

※四化的種類有：生年、命宮、大小限、流年、流月、流日、流時等。

※四化的意象與五行概述：

化祿：五行屬土，主財祿。

化權：五行屬木，主權勢。

化科：五行屬水，主聲名、科舉。

化忌：五行屬水，主災咎。

四化的作用相當於一種催化變質加強的效應，類似物理化學的概念，其中也會產生有效與無效的現象，這些狀況待日後有緣，筆者將會著專書與以介紹，當然也期盼大家的討論與探討，如此亦不負師門的傳授。

第五組：博士十二星

這組星曜屬丙級星能量氣數都較微弱，但顧及大家知的權益，在此亦將其排入介紹。

•安博士十二星

法則：不拘男女命俱尋祿存星起博士星，再按陽男陰女順排，陰男陽女逆排依次安之。

• 安法歌訣：

「博士力士青龍續，小耗將軍及奏書；蜚廉喜神病符籙，大耗伏兵至官符。」

如圖示：

蜚廉	奏書	將軍	小耗
喜神	男命 民國52·6·20辰 陰男癸卯		青龍
病符			力士
大耗	伏兵	官符	博士 祿存 亥

※陰男陰女順排

※陰男陽女逆排

二、安生年支星曜

第一組：天馬星

天馬星，代表著一種氣數的變動與變化。目前市面上有兩種說法，一為用生年支所排的稱為「命馬」，一為用生月所排出來的稱為「月馬」。本書所採的是以「命馬」為主，「月馬」為輔，相互對照論斷。

•天馬星排法

生年支	天馬位
寅午戌	申
申子辰	寅
巳酉丑	亥
亥卯未	巳

※寅、申、巳、亥，又稱為「四生位」、「四馬位」、「四隅位」。

如圖示：

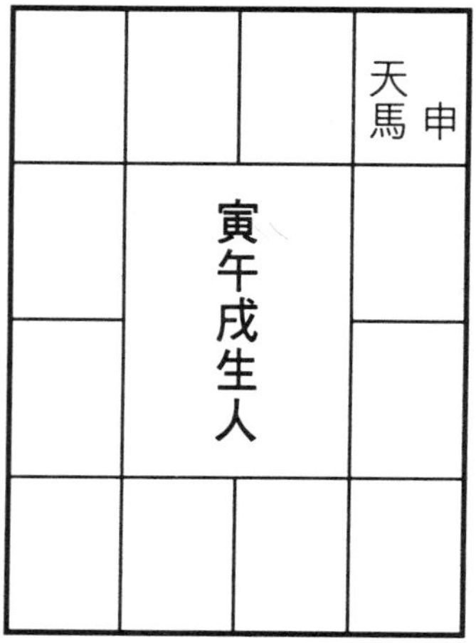
天馬 申
寅午戌生人
(1)

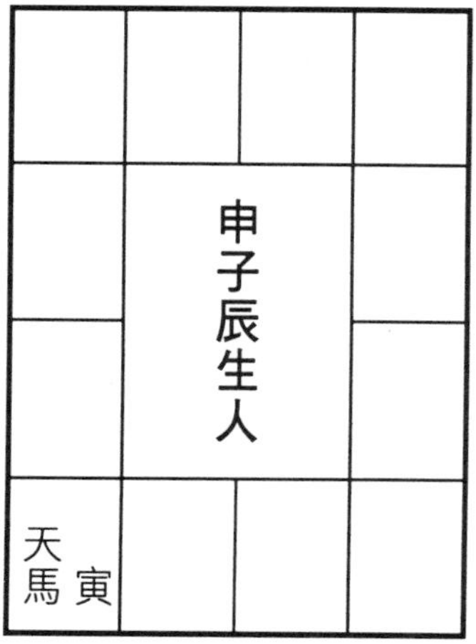
申子辰生人
天馬 寅
(2)

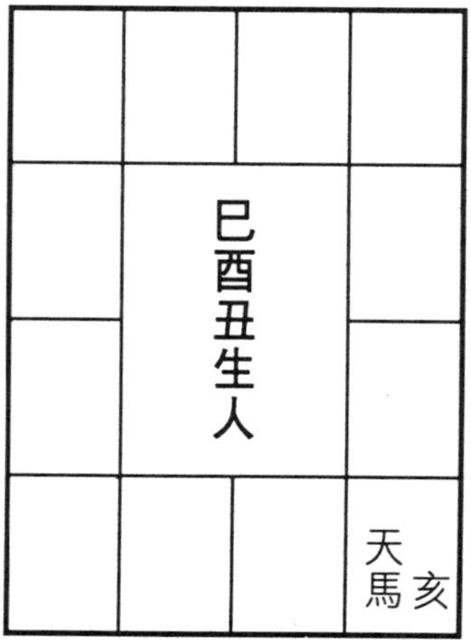
巳酉丑生人
天馬 亥
(3)

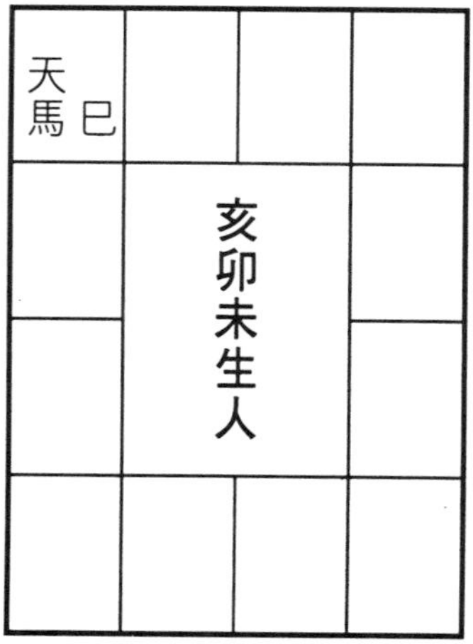
天馬 巳
亥卯未生人
(4)

第二組：紅鸞星　天喜星

紅鸞星與天喜星俱屬喜慶意象之吉星，但不適用於老年人與已婚者，否則反主血光、破財之災。排法上，天喜星恆在紅鸞星之對宮，所以只需排出紅鸞星之所在，在其對宮安上天喜星即可。

●排法歌訣

卯上起子逆數之，數到當生太歲支；
坐守此宮紅鸞位，隊宮天喜不差移；
年少婚姻喜事奇，老人必主喪期妻；
三十年前為吉曜，五十年後不相宜。

如圖示：

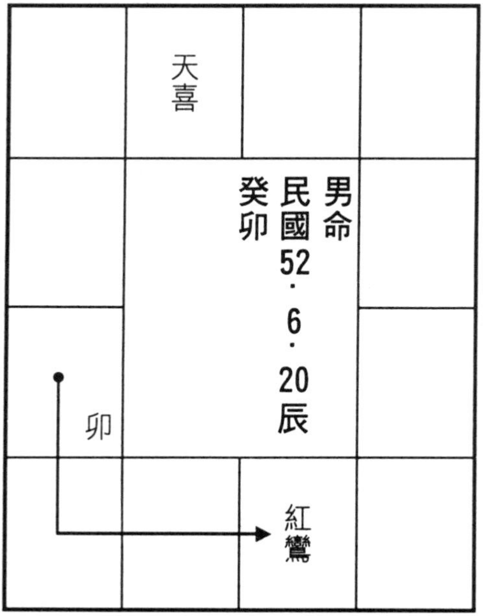

第三組：天哭星　天虛星

此二星均為乙級凶曜，主憂傷哭泣之事；忌天刑，有殘疾或心智殘障之慮；遇天姚、沐浴則激情浪漫過後，難免有憂傷空虛之遺憾。

●排法歌訣：

天哭天虛起午宮，午宮起子兩分蹤；
哭逆巳兮虛順未，數到生年便居中。

如圖示：

▪天哭星天虛星

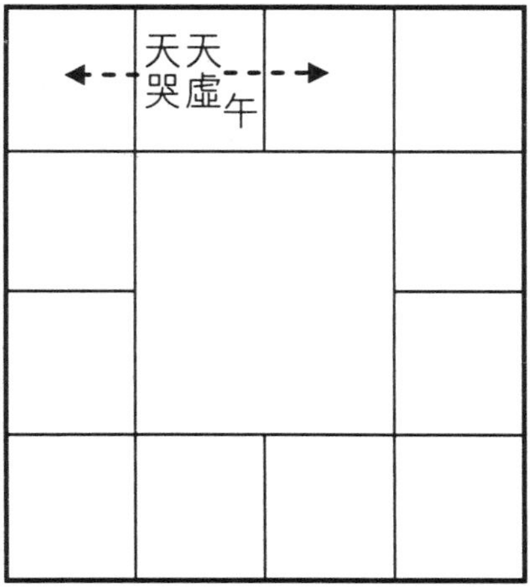

第四組：孤辰星　寡宿星

此二星均為乙級凶曜，是為一種刑剋之意象；若論人個性則偏執、孤獨。男怕孤辰，女怕寡宿，是為其主要徵驗。

●排法訣：

應用三會方之理論，視其生年之屬何會方局內，再以「前孤後寡」之口訣安之。

．地支三會方圖示

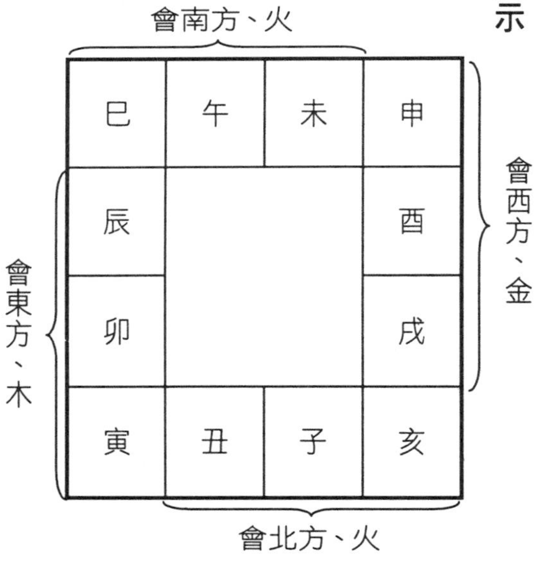

•孤辰：寡宿實例

代入前述命盤如圖示：

孤辰　巳			
辰	男命 民國52·6·20辰 癸卯		
卯			
寅	寡宿　丑		

第五組：龍池星　鳳閣星

此二星均為乙級星，主貴、主科名，與恩光、天貴有輔助六吉星之作用、臨身命，主聰明智慧。

•排法歌訣：

「龍池子順辰，鳳閣子戌逆。」

如圖示：

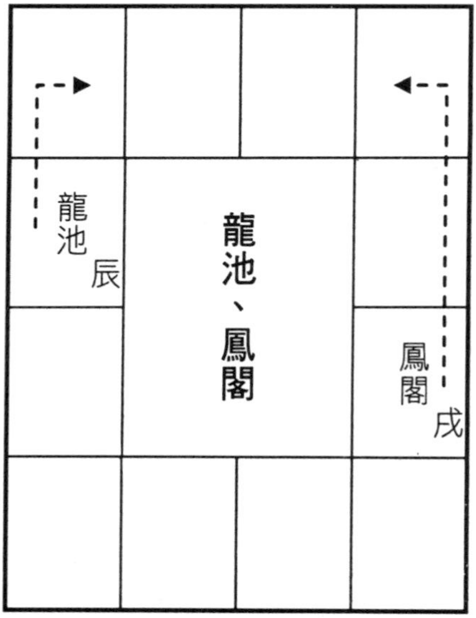

第六組：解神星　蜚廉星　破碎星

壹、解神星，主解災厄。

•安解神星歌訣：

「解神從戌上起子，逆數至當生太歲是也。」

如圖示：

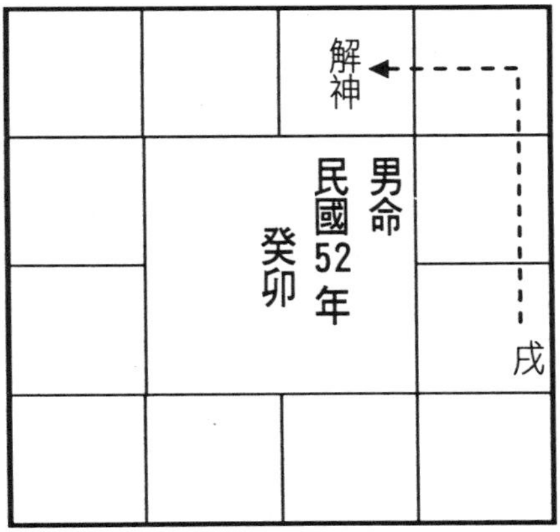

貳、蜚廉星，主小人、暗箭傷人、口舌是非、孤剋。

●安蜚廉星歌訣：

「子丑寅人申酉戌，卯辰巳人巳午未；
午未申人寅卯辰，酉戌亥人亥子丑。」

如圖示：

．蜚廉星

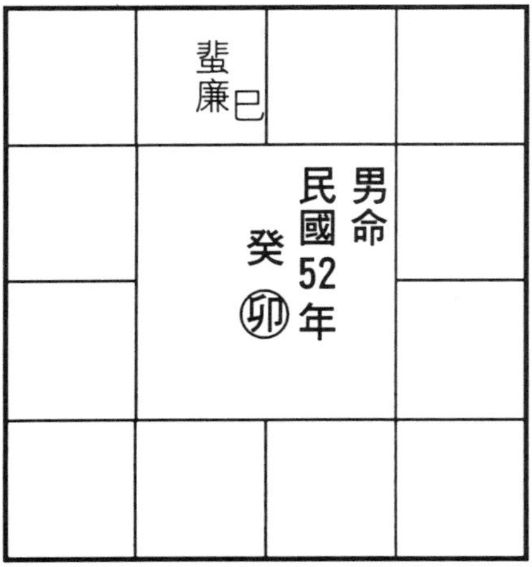

參、破碎星，主破壞、殘缺、耗損。此星雖然乙級星曜，但甲級星中天府最忌逢之。

• 安破碎星歌訣：

「子午卯酉人安巳，寅申巳亥人在酉，辰戌丑未人丑宮。」

如圖示：

• 破碎星

破碎 巳			
	男命 民國52年 癸卯		

第七組：天才星　天壽星

壹、天才星，主智慧、聰明。

●安天才星歌訣：

「天才命宮起子數，順至本生年支安之。」

如圖示：

．天才星

	天才		
	男命 民國52.6.20.辰 癸卯		
命宮			

．天壽星

	男命 民國52.6.20.辰 癸卯		
天壽			財帛（身宮）

貳、天壽星，主壽命、健康。

• 安天壽星歌訣：

「天壽身宮起子年，順至本生年支安之。」

第七節　安生月系星曜

依生月所安之星曜，但注意必須要論節氣。

第一組：左輔星　右弼星

此二星均為甲級正曜，也是六吉星之一，主輔佐、輔助。

• 安輔弼星歌訣：

「左輔正月起於辰，順逢生月是貴方；

右弼正月尋戌宮，逆至生月便調停。」

如圖示：

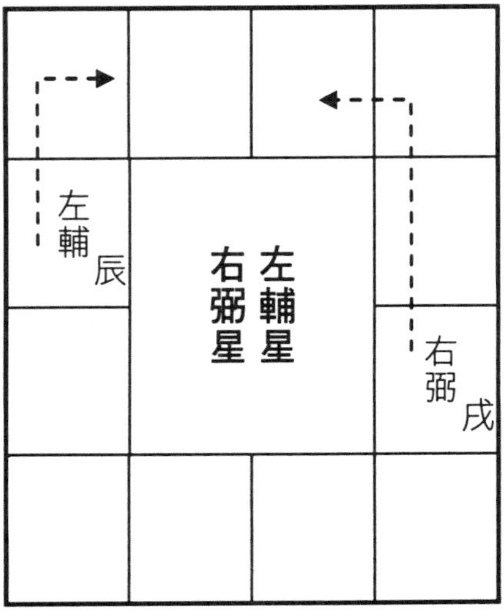

第二組：天刑星　天姚星

此二星均為乙級凶曜。天刑星，主刑夭、孤剋，亦主掌刑罰之意象；天姚星，主桃花、人緣之意象。

•安天刑星歌訣：

「天刑星從酉上起正月，順至本生月安之。」

•安天姚星歌訣：

「天姚星從丑上起正月，順至本生月安之。」

如圖示：

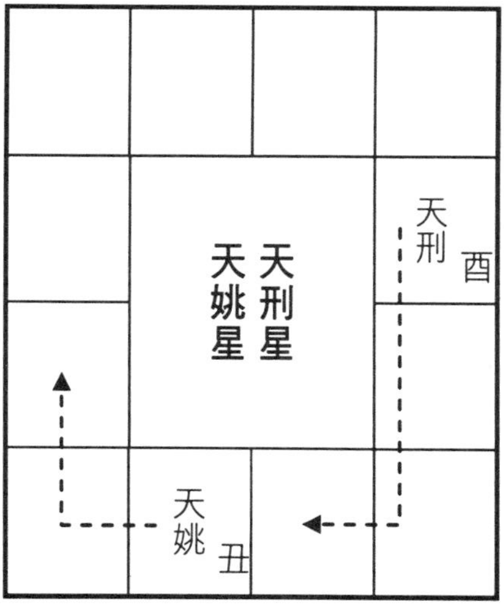

第三組：天巫星　天月星　陰煞星

此三星均為乙級星曜。天巫星為吉曜，主陞遷、祝福；天月星，主疾病，但往往能不藥而癒；陰煞星，主無形之小人禍害，也是陰靈的代表星曜。

•安天巫星歌訣：

「寅午戌月在巳宮，申子辰月在寅宮；
巳酉丑月在亥宮，亥卯未月在申宮。」

•安天月星歌訣：

「子寅月在戌卯在巳，丑戌巳在寅辰在辰；
午酉月在未未在卯，申月亥宮安天月星。」

•安陰煞星歌訣：

「正七月在寅，二八月在子，三九月在戌，
四十月在申，五十一月在午，六十二月在辰。」

如圖示：

·天巫星

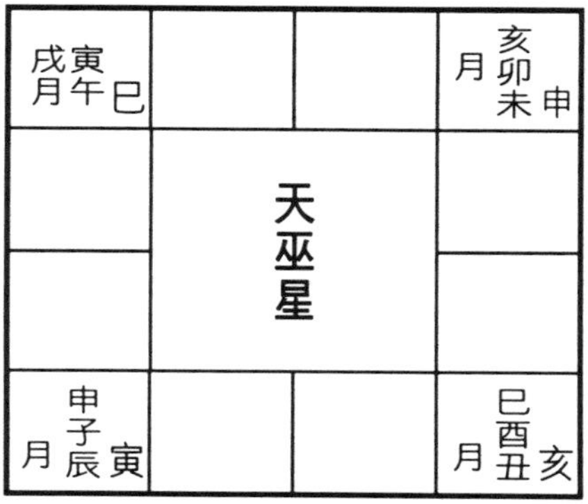

·天月星

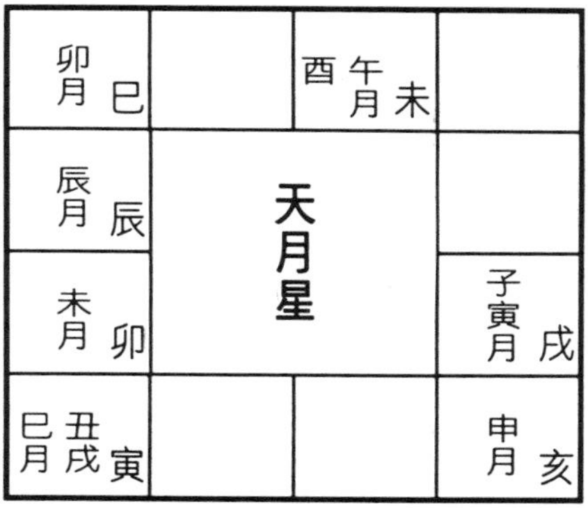

·陰煞星

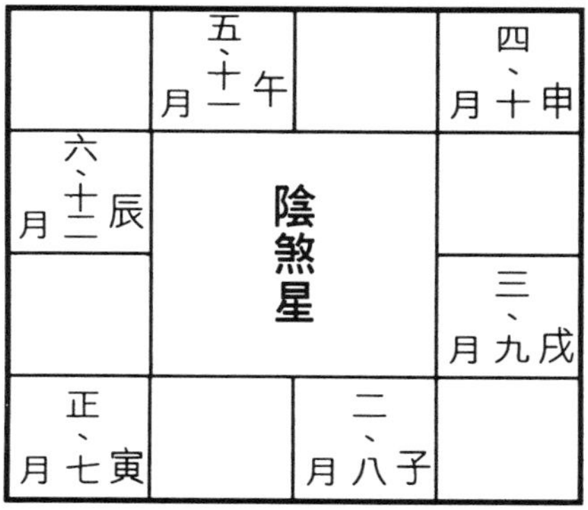

第八節　安生日系星曜

生日系星曜只有二組，二組星均為乙級星。

第一組：三台星　八座星

此二星均主官貴。

- 安三台星歌訣：

「從左輔上起初一，順數至本生日安之。」

- 安八座星歌訣：

「從右弼上起初一，逆數至本生日安之。」

如圖示：

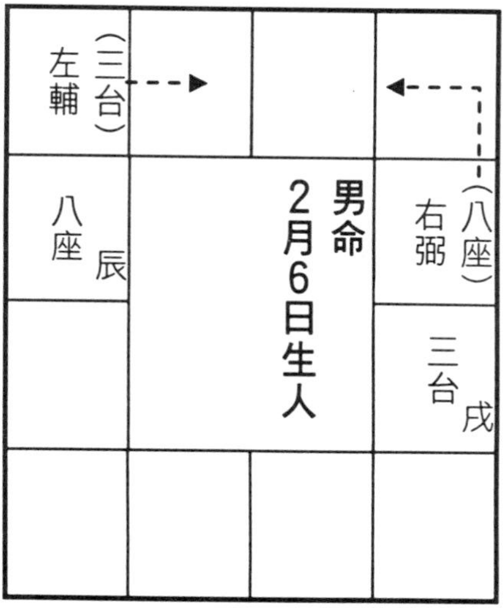

第二組：恩光星　天貴星

此二星均主官貴。

• 安恩光星歌訣：

「從文昌上起初一，順數至本生日再退一宮安之。」

• 安天貴星歌訣：

「從文曲上起初一，順數至本生日再退一宮安之。」

如圖示：

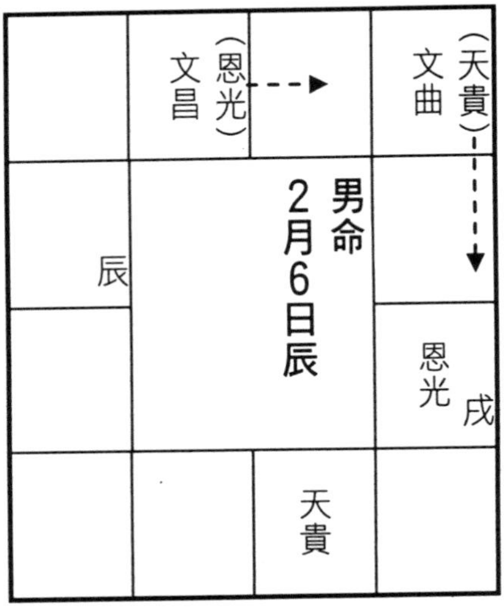

花。

第九節　安生時系星曜

依據生時所安佈之星曜，共有四組。

第一組：文昌星　文曲星

此二星是為十九正曜中之吉曜，文昌星，主科甲、桃花；文曲星，主才藝、桃花。

●安昌曲歌訣：

「子時戌上起文昌，逆到生時是貴鄉；
文曲數從辰上起，順到生時是本鄉。」

如圖示：

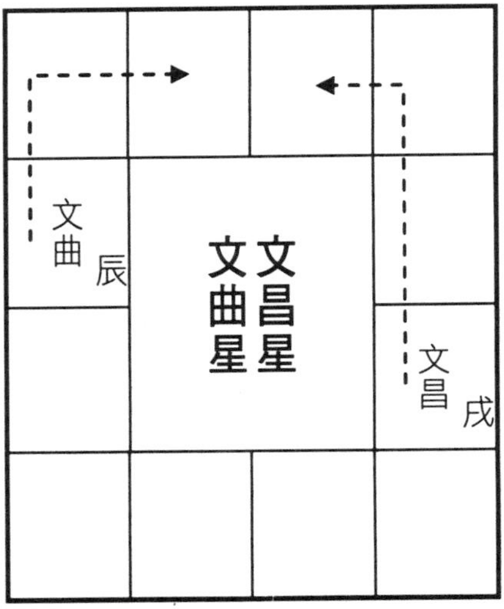

第二組：地空星　地劫星

此二星均為乙級星曜，主空亡、災禍、破敗、變動不安，尤其不利於錢財；一般而言，地空星偏向精神方面，地劫星偏向物質方面。

•安空劫星歌訣：

「亥上起子順安劫，逆回便是地空鄉。」

如圖示：

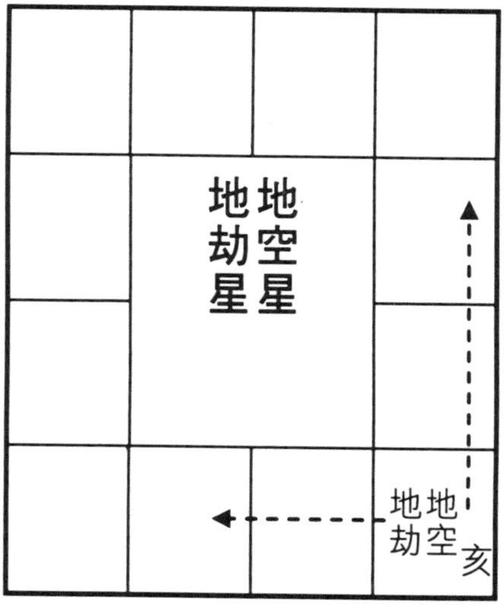

第三組：台輔星　封誥星

此二星均為乙級吉曜，主得貴、取貴之意象，一般大都要有官職位較為應驗。

●安台輔星歌訣：

「從午宮起子，順數至本生時安之。」

●安封誥星歌訣：

「從寅宮起子，順數至本生時安之。」

如圖示：

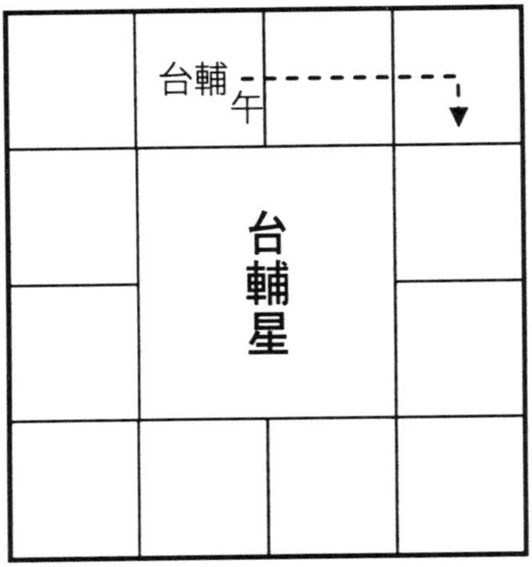

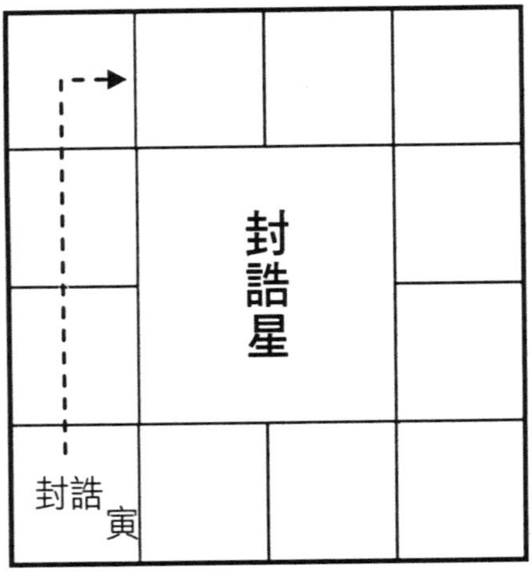

第四組：火星　鈴星

此二星均為甲級偏曜，主凶。其排法比較麻煩一點，還請各位多用些心思。

● 安火、鈴星歌訣

「寅午戌生人，火在丑鈴居卯。
申子辰生人，火在寅鈴居戌。
巳酉丑生人，火在卯鈴居戌。
亥卯未生人，火在酉鈴在戌。
火鈴順行走，數至生時安之。」

如圖示：

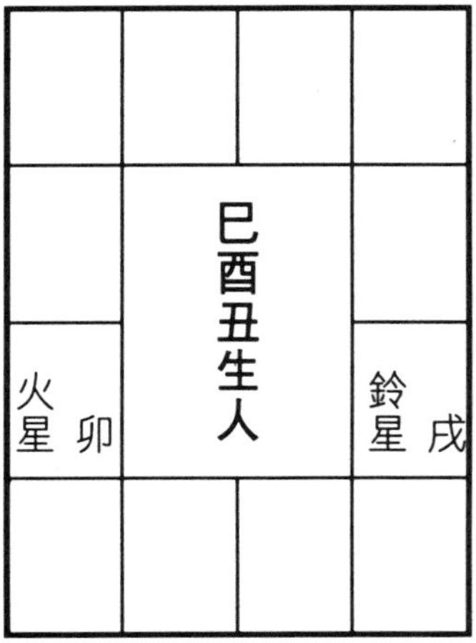
巳酉丑生人
火星 卯
鈴星 戌

(2)

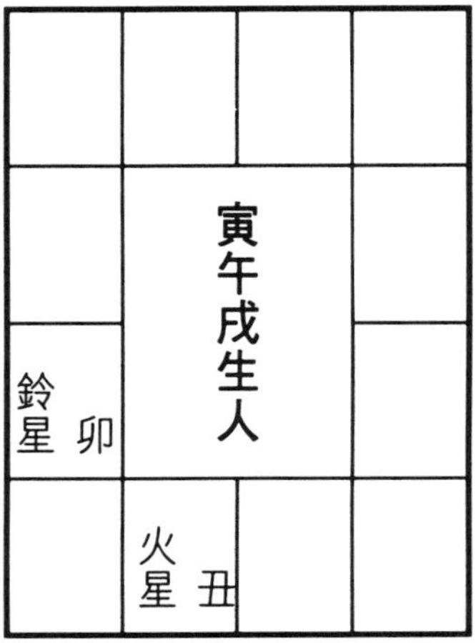
寅午戌生人
鈴星 卯
火星 丑

(1)

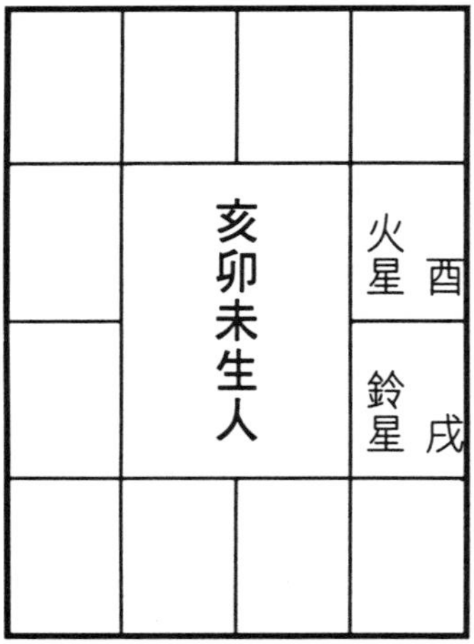
亥卯未生人
火星 酉
鈴星 戌

(4)

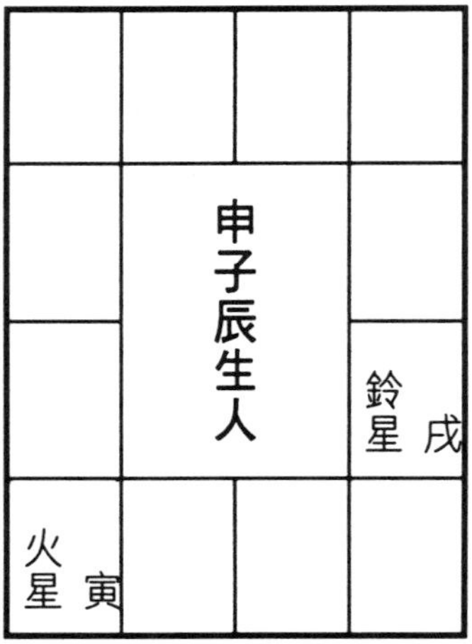
申子辰生人
鈴星 戌
火星 寅

(3)

介紹到此，與生辰資料相關的星曜排列大抵於此，接著就是一些不屬於生年、月、日、時的星曜排列介紹，這部分各位可能就要多花些時間、心思去認識了。

第十節　安其它星曜排列

斗數星曜何其多？沒辦法，誰叫它稱作為「紫微斗數」，所以囉！就要想辦法多記一些。筆者不才，在內文中，盡量將自己記憶的方法提供給各位參考，期盼對大家能有所貢獻。

第一組：天殤星　天使星

此二星均為丙級星，主虛耗、災禍之意象。

•安殤使星

「命宮為主，命前六位是天殤，命後六位是天使。天殤星在奴僕宮，天使星恆在疾厄宮。」

如圖示：

天殤 僕役		天使 疾厄	
	天殤星 天使星		
		命宮	

第二組：命主星　身主星

（壹）命主星是以命宮支坐落而定。

• 安命主星歌訣：

「命宮在子，命主星為貪狼。
命宮在亥丑，命主星為巨門。
命宮在寅戌，命主星為祿存。
命宮在卯酉，命主星為文曲。
命宮在辰申，命主星為廉貞。
命宮在巳未，命主星為武曲。
命宮在午，命主星為破軍。」

(貳)身主星是以生年支坐落而定。

•安身主星歌訣：

「子午人火鈴星，丑未人天相星；

寅申人天梁星，辰戌人文昌星；
巳亥人天機星，卯酉人天同星。」

※記憶口訣：「好商量，同娼妓。」

命、身主星圖示：

・命主星

命宮支	子	丑	寅	卯	辰	巳	午	未	申	酉	戌	亥
命主星	貪狼	巨門	祿存	文曲	廉貞	武曲	破軍	武曲	廉貞	文曲	祿存	巨門

※命主星加左輔、右弼即為風水學中的「九星」理論，而命主星本身即是「北斗七星」。這也是斗數可以應用到風水學的原因。

・身主星

生年支	子	丑	寅	卯	辰	巳	午	未	申	酉	戌	亥
身主星	火星	天相	天梁	天同	文昌	天機	火星	天相	天梁	天同	文昌	天機

之。

第三組：將前諸星

將前諸星一共有十二顆星，屬流年星曜，依照太歲三合帝旺所在宮位順序排

● **安將前諸星訣：**

「寅午戌年將星午，
申子辰年將星子，
巳酉丑年將星酉，
亥卯未年將星卯。
攀鞍歲驛並息神，華蓋劫煞災煞經；
天煞指背咸池續，月煞亡神次第行。」

如圖示：

亡神	將星 午	攀鞍	歲驛
日煞	**流年庚寅**		息神
咸池			華蓋
指背	天煞 丑	災煞 子	劫煞 亥

※劫煞、災煞、天煞所在宮位即是「流年三殺方」。

第四組：歲前諸星

歲前諸星一共有十二顆星，屬流年星曜，依照太歲所在宮位順序排之。

•安歲前諸星訣：

「太歲一年一替換，歲前首先是晦氣，喪門貫索及官符，小耗大耗龍德繼，白虎天德連弔客，病符居後須當記。」

如圖示：

貫索	官符	小耗	大耗
喪門	**流年庚寅**		龍德
晦氣			白虎
太歲 寅	病符	弔客	天德

第五組：十二長生運星

「十二長生星」，可以比喻為吾人一生過程的寫照，而在命理上的應用，則可視為運途高低好壞的參考。

（壹）以生年納音五行來定十二長生運。

（貳）陽男陰女順排，陰男陽女逆排。

（參）十二長生星：長生、沐浴、冠帶、臨官、帝旺、衰、病、死、墓、絕、胎、養。

（肆）以「水土同長生」為依據。故：

「水土申起，
火寅起，
木亥起，
金巳起。」

金長生　巳			土、水長生　申
	十二長生運星		
火長生　寅			木長生　亥

第六組：流年斗君

流年斗君就是流年正月之意，斗君即月將是也。

• 安流年斗君歌訣：

「太歲宮中便起正，逆尋生月即留停；

又從生月宮輪子，順到生時鎮斗君。」

有更方便簡捷的排法，如圖示：

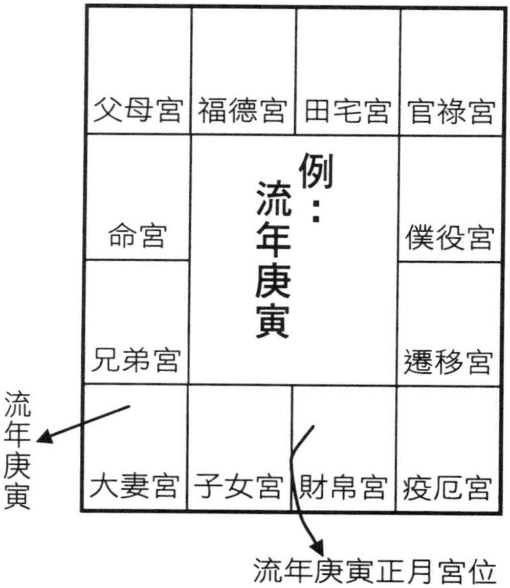

第七組：安大限　小限　流年

紫微斗數命理針對運途的探討可分為：

大限——主掌十年的運途

小限——主掌一年的運途

流年——主掌一年的運途

這其中大限沒啥爭議，但小限與流年就眾說紛紜了，坊間更有「小限派」的精闢立論。至於筆者自己的用法則是以流年為主，小限為輔來為人論斷服務；在此提供出來，只是提供大家參考而已。

一、安大限

大限的排列是以命宮為起始點，根據地支宮位為據，以陽男陰女順排、陰男陽女逆排的方式排列，每一大限掌管十年的吉凶禍福的運途。另，斗數名家埅元前輩有提出「命宮無大限」的觀點，各位讀者也不妨去參考比較，畢竟「學無止盡」多看、多聽，一定會有很大的助益。

● 安大限圖一

44-53	44-53	44-53	74-83
34-43	戊戌年 陽男		84-93
24-33	金四局		94-103
14-23 第二大限	4-13 乙丑 命宮	114-123	104-113

第一大限

● 安大限圖二

12-21	2-11 丙午 命宮	112-121	102-111
22-31	戊戌年 陽女		92-101
32-41	水二局		82-91
42-51	52-61	62-71	72-81

第二大限

二、安小限

小限的排列比排大限單純很多，敘述如下：

•安小限訣：

一律男命順排，女命逆排。

寅午戌生人辰宮起一歲。

申子辰生人戌宮起一歲。

巳酉丑生人未宮起一歲。

亥卯未生人丑宮起一歲。

如圖示：

• 安小限圖一

2.14	3.15	4.16	5.17
↑ 順數 1.13--辰	戊戌年 男命		6.18
12.24			7.19
11.23	10.22	9.21	8.20

• 安小限圖二

12.24	11.23	10.22	9.21
1.13--辰	戊戌年 女命		8.20
逆數 ↓ 2.14			7.19
3.15	4.16	5.17	6.18

三、安流年

流年限，依隨著流年太歲宮位為主即可。

如圖示：

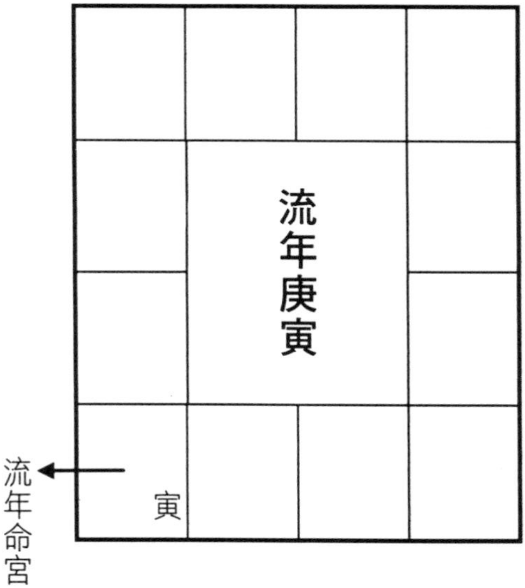

結語：

斗數諸星曜的安佈排列介紹到此算告一段落，如果依據記載，斗數中大小星曜大概有一百二十幾顆，因此，若是無法掌握其中之記憶訣竅，保證一定會被其搞得頭昏眼花，昏頭轉向。所以要如何能拿捏關鍵竅門，實在是學習斗數的重點所在。

第三章　人事十二宮

「人事十二宮」是紫微斗數命學的一大創舉，當然也是其他的命學系統所沒有的。一般的祿命學大多僅是針對著財、官、祿等之間的關係，再加上論命者的功力深淺，方能將所要論述的議題引申推敲，但紫微斗數就不需要這樣地麻煩了，因為對於吾人周遭所能碰上的一切資訊，「人事十二宮」都包含在內了。

「人事十二宮」即是以命宮作為太極基準點，由此而延伸擴展分別有：兄弟宮、夫妻宮、子女宮、財帛宮、疾厄宮、遷移宮、僕役宮、官祿宮、田宅宮、福德宮與父母宮。

◎命宮：

《斗數準繩》曰：「命居生旺定富貴，各有所宜；身坐空亡論榮枯，專求其要。」《紫微斗數考證》（梁相潤先生著）曰：「按紫微斗數乃道家修士兼而研治命學，並非是純粹之命理大師，其所使用之術語，多有道家氣息。道家所居之處恆常以『宮』之一字以冠蓋其名，故以『支命』稱之為『命宮』。」

《紫微斗數全書》：

●紫微入男命吉凶訣

紫微天中第一星，命身相遇福財興；若逢相佐宮中會，富貴雙全播令名。
紫微守命最為良，二殺逢之壽不長；羊陀火鈴來相會，只好空門禮梵王。
紫微辰戌遇破軍，富而不貴有虛名；若逢貪狼在卯酉，為臣失義不相應。
火鈴羊陀來相會，七殺同宮多不貴；欺人孤獨更刑傷，若是空門為吉利。

●紫微入女命吉凶訣

紫微女命守身宮，天府尊星同到宮；更得吉星同主照，金冠封贈福滔滔。
紫微女命守夫宮，三方吉拱便為榮；若逢殺破來沖湊，衣祿盈餘淫巧容。

●天機入男命吉凶訣

機月天梁合太陽，常人富足置田庄；官員得遇科權祿，職位高遷面帝王。

天機化忌落閑宮，縱有財官亦不終；退盡家財兼壽夭，飄蓬僧道住山中。

●天機入女命吉凶訣

天機女命吉星扶，做事操持過丈夫；權祿宮中逢守照，榮膺誥命貴如何。
天機星與太陰同，女命逢之必巧容；衣祿豐饒終不美，為娼為妾主淫風。

●太陽入男命吉凶訣

命裡陽逢福壽濃，更兼權祿兩相逢；魁昌左右來相湊，富貴雙全比石崇。
日月丑位命中逢，三方無化福難豐；更有吉星終不美，若逢殺湊一生窮。
失陷太陽居反背，化忌逢之多蹇昧；又遭橫事破家財，命強化祿也無害。

●太陽入女命吉凶訣

太陽正照婦人身，姿貌殊常性格貞；更得吉星同主照，金冠封贈做夫人。
太陽安命有奇能，陷地須防惡殺凌；作事沉吟多進退，辛勤度日免家傾。

太陽反照主心忙，衣祿平常壽不長；尅過良人還尅子，只宜蔭下做偏房。

●武曲入男命吉凶訣

武曲守命化為權，吉曜來臨福壽全；志氣崢嶸多出眾，超凡入聖向人前。
武曲之星守命宮，吉星守照始昌榮；若加耗殺來沖破，恁是財多畢竟空。

●武曲入女命吉凶訣

女人武曲命中逢，天府加之志氣雄；左右祿來相逢聚，雙全富貴美無窮。
將星一宿最剛強，女命逢之性異常；衣祿滔滔終有破，不然壽夭主凶亡。

●天同入男命吉凶訣

天同坐命性溫良，福祿悠悠壽更長；若是福人居廟旺，定教食祿譽傳揚。
天同若與吉星逢，性格聰明百事通；男子定然食天祿，女人樂守繡房中。
天同守命落閑宮，火陀殺合更為凶；天機梁月來相會，只好空門度歲中。

●天同入女命吉凶訣

天同守命婦人身，性格聰明伶俐人；昌曲更來相會處，悠悠財祿自天申。
天同若與太陰同，女命逢之淫巧容；衣祿雖豐終不美，偏房侍妾與人通。

●廉貞入男命吉凶訣

廉貞守命亦非常，賦性巍巍志氣強；革故鼎新官大貴，為官清顯姓名香。
廉貞坐命號閑宮，貪破擎羊火更中；縱有財官終不美，平生河以得從容。
廉貞落陷入閑宮，吉曜相逢也有凶；腰足災殘難脫厄，更加惡殺命該終。

●廉貞入女命吉凶訣

女人身命值廉貞，內政清廉格局新；諸吉拱照無殺破，定教封贈在青春。
廉貞貪破曲相逢，陀火交加極賤傭；定主刑夫並尅子，只好通房娼婢容。

●天府入男命吉凶訣

天府之星守命宮，加之權祿喜相逢；魁昌左右來相會，附鳳扳龍上九重。
火鈴羊陀三方會，為人奸詐多勞碌；空劫同垣不為佳，只在空門也享福。

●天府入女命吉凶訣

女人天府命身宮，性格聰明花樣容；更得紫微三合照，金冠霞佩受皇封。
火鈴羊陀來沖會，性格庸常多晦滯；六親相背子難招，只好空門為尼計。

●太陰入男命吉凶訣

太陰原是水之精，身命逢之福自生；酉戌亥垣為得地，光輝揚顯姓名亨。
太陰入廟化權星，清秀聰明邁等倫；稟性溫良恭儉讓，為官清顯列朝紳。
寅上機昌曲月逢，縱然吉拱不豐隆；男為僕從女為妓，加煞沖殺到老窮。
太陰陷地惡星中，陀火相逢定困窮；此命只宜僧與道，空門出入得從容。

●太陰入女命吉凶訣

月會同陽在命宮，三方吉拱必盈豐；不見凶殺來沖會，富貴雙全保到終。
太陰陷在命和身，不喜三方惡殺侵；尅害夫君又夭壽，更虛血氣少精神。

●貪狼入男命吉凶訣

四墓宮中福氣濃，提兵指日入邊功；火星拱會誠為貴，名震諸夷定有封。
貪狼守命同羊宮，陀殺交加必困窮；武破廉貞同殺劫，百藝防身度歲終。
四墓貪狼廟旺宮，加臨左右富財翁；若然再化科權祿，文武才能顯大功。

●貪狼入女命吉凶訣

四墓宮中多吉利，更逢左右方為貴；祿財豐富旺夫君，性格剛強多志氣。
貪狼陷地女非祥，衣食雖豐也不良；尅害良人並男女，又教衾枕守孤孀。

●巨門入男命吉凶訣

巨門子午二宮逢，局中得遇以為榮；三合化吉科權祿，官高極品衣紫袍。
此星化暗不宜逢，更會凶星愈肆凶；脣齒有傷兼性猛，若然入廟可和平。
巨門守命遇擎羊，鈴火逢之事不祥；為人性急多顛倒，百事茫茫亂主張。

●巨門入女命吉凶訣

巨門旺地多生吉，左右加臨壽更長；女人得此誠為貴，簾捲珍珠坐繡房。
巨門命陷主淫娼，侍女偏房始免殃；相貌清奇多近寵，不然壽夭主凶亡。

●天相入男命吉凶訣

天相星辰邁等倫，照守身命喜無垠；為官必主居元宰，三合相逢福不輕。
天相吉星為命主，必定斯人多克己；財官祿主旺家資，權壓當時誰不美。

●天相入女命吉凶訣

女人之命天相星，性格聰明百事寧；衣祿豐盈財帛足，旺夫貴子顯門庭。
破軍七殺來相會，羊陀火鈴最所忌；孤刑剋害六親無，只可偏房與侍婢。

●天梁入男命吉凶訣

天梁之曜數中強，形神穩重性溫良；左右曲昌來會合，管教富貴列朝綱。
天梁星宿壽星逢，機日文昌左右同；子午寅申為入廟，官資清顯至三公。
天梁遇火落閑宮，陀殺重逢更是凶；孤刑帶疾破家財，空門技藝可營工。

●天梁入女命吉凶訣

辰戌機梁非小補，破軍卯酉不為良；女人得此為孤獨，剋子刑夫守冷房。

●七殺入男命吉凶訣

七殺寅申子午宮，西夷拱手服英雄；魁鉞左右文昌會，科祿名高食萬鍾。

殺居陷地不堪言，凶禍猶如伴虎眠；若是殺強無制伏，少年惡死在黃泉。
七殺坐命落閑宮，巨宿羊陀更照沖；若不傷肢必損骨，空門僧道更興隆。

●七殺入女命吉凶訣

女命愁逢七殺星，平生做事果聰明；氣高志大無男女，不免刑夫歷苦辛。
七殺孤星貪宿逢，火陀湊合非為貴；女人得此性不良，只好偏房為使婢。

●破軍入男命吉凶訣

破軍七殺與貪狼，入廟英雄不可當；關羽命逢為上將，庶人富足置田庄。
破軍子午會文昌，左右雙雙入廟廊；財帛豐盈多慷慨，祿官昭著佐君王。
破軍一曜最難當，化祿科權喜異常；若還陷地仍加殺，破祖離宗出遠鄉。
破軍不喜在身宮，廉貞火羊陀會凶；不見傷殘及壽夭，只宜僧道度平生。

●破軍入女命吉凶訣

破軍子午為入廟，女命逢之福壽昌；性格有能偏出眾，旺夫益子姓名香。
破軍女命不宜逢，擎羊加陷便為凶；尅害良人非一次，須叫非哭度朝昏。

●祿存入男命吉凶訣

人生若遇祿存星，性格剛強百事成；官員遷兮昌曲會，滔滔衣祿顯門庭。
祿存守命莫逢沖，陀火交加福不全；天機空劫忌相會，空門僧道得清閒。

●祿存入女命吉凶訣

女命若遇祿存星，紫府加臨百事寧；更遇同貞相湊合，必然註定是夫人。
祿存入命陷宮來，空劫鈴火必為災；若無吉曜來相湊，夫妻分離永不諧。

●文昌入男命吉凶訣

文昌坐命旺宮臨，志大才高抵萬金；文藝精華心壯大，須教平步上青雲。
文昌守命亦非常，限不夭傷福壽長；只怕限沖逢火忌，須教夭折帶刑傷。

●文昌入女命吉凶訣

女人身命值文昌，秀麗清奇福更長；紫府對沖三合照，管教富貴著霞裳。
文昌女命遇廉貞，陷地擎羊火忌星；若不為娼終壽夭，偏房猶得主人輕。

●文曲入男命吉凶訣

文曲守命最為良，相貌堂堂志氣昂；士庶逢之應福厚，丈夫得此受金章。
文曲守垣逢火忌，不喜三方惡殺聚；此人雖巧口能言，惟在空門可遇貴。

●文曲入女命吉凶訣

女人命裡逢文曲，相貌清奇多有福；聰明伶俐不尋常，有殺偏房也淫慾。

●左輔入男命吉凶訣

左輔尊星能降福，風流敦厚通今古；紫府祿權貪武會，文官武職多清貴。

羊陀火鈴三方照，縱有財官非吉兆；廉貞破巨更來沖，若不傷殘終是夭。

●左輔入女命吉凶訣

女逢左輔主賢豪，能幹能為又氣高；更與紫微天府合，金冠封贈福滔滔。

火陀相會不無良，七殺破軍壽不長；只可偏房方富足，聰明得寵過時光。

●右弼入男命吉凶訣

右弼天機上宰星，命逢重厚最聰明；若無火忌羊陀會，加吉財官冠世英。

右弼尊星入命宮，若還殺湊主常庸；羊陀空劫三方湊，須知帶疾免災凶。

●魁鉞入命限吉凶訣

魁鉞命身限遇昌，常人得此足錢糧；官員遇此高遷擢，必定當年面帝王。

天乙貴人眾所欽，命逢金帶福彌深；飛騰名譽人爭慕，博雅皆通古與今。

●擎羊入男命吉凶訣

祿前一位安擎羊，上將逢之福祿加；更得貴人相守照，兵權萬里壯皇家。

擎羊守命性剛強，四墓生人福壽長；若得紫府來會合，須知財穀富倉箱。

●擎羊入女命吉凶訣

北斗浮星女命逢，火機巨忌必常庸；三方凶殺兼來湊，不夭終須浪滾濤。

●陀羅入男命吉凶訣

陀羅命內座中存，更喜人生四墓中；更得紫微昌府合，財祿豐盈遠播名。

陀羅在陷不堪聞，口舌官非一世侵；財散人離人孤獨，所為所作不如心。

●陀羅入女命吉凶訣

陀羅一曜女人逢，遇吉加臨淫蕩容；凶殺三方相照破，須防相別主人翁。

●火鈴入男命吉凶訣

火鈴二曜居廟地，貪狼紫府宜相會；為人性急有威權，鎮壓鄉邦終有貴。

火鈴在命落閑宮，西北生人作事庸；破盡家財終不久，須教帶疾免災凶。

●火鈴入女命吉凶訣

火鈴之星入命來，貪狼相會得和諧；三方無殺諸般美，坐守香閨得遂懷。

火鈴二星最難當，女命單逢必主傷；若遇三方加殺湊，須防目下入泉鄉。

•化祿入命斷吉凶訣

十干化祿最為榮，男命逢之福自申；武職提名邊塞上，文人名譽滿朝廷。

祿主天同遇太陽，常人大富足田庄；資財六畜皆生旺，凡有施為盡吉祥。

•化權入男命斷吉凶訣

權星最喜吉星扶，事業軒昂膽氣粗；更值巨門兼武曜，三邊鎮守掌兵符。

•化權入女命斷吉凶訣

化權吉曜喜相逢，更吉加臨衣祿豐；富貴雙全人性硬，奪夫權柄福興隆。

•化科入男命斷吉凶訣

科星文宿最為奇，包藏錦繡美文章；一躍禹門龍變化，管教聲達譽朝堂。

科星入命豈尋常，錦繡才華展廟廊；更遇昌曲魁鉞宿，龍門一躍姓名揚。

●化科入女命斷吉凶訣

化科女命是良星，四德兼全性格清；更遇吉星權祿湊，夫榮子貴作夫人。

●化忌入男命斷吉凶訣

諸星化忌不宜逢，更會凶星愈肆凶；若得吉星來救助，縱然富貴不豐隆。
貪狼破軍居陷地，遇吉化忌終不利；男為奸盜女淫娼，加殺照命無眠睡。

●化忌入女命斷吉凶訣

女人化忌本非奇，更遇凶星是禍基；衣食艱辛貧賤甚，吉星湊合滅災危。

●地空入命斷吉凶訣

命坐地空定出家，文昌天相實敢誇；若逢四殺同身命，受蔭承恩福可佳。

‧地劫入命斷吉凶訣

地劫從來生發疾，命中相遇多啾唧；若遇羊火在其中，辛苦持家防內室。

◎身宮：

慧心齋主：「命宮為先天運勢，身宮為後天。研究命盤時，以命宮為主，身宮為輔，配合遷移宮、事業宮、財帛宮、福德宮，可瞭解終身命運。若代表先天的命宮較差，身宮較吉，則後天的努力，可以改造命運；若先天運勢較好，後天較弱，則雖遇困難，亦能努力克服。」

鄭稼學先生：「身宮為補命宮之不足，如命宮偏向於內在個性，身宮偏向於外表形貌；如命宮表示為先天命運之趨向，身宮則表示後天命運之傾向。身宮只與命、夫妻、財帛、遷移、官祿、福德相併同宮，以命身同宮者命運趨向最明顯。與官祿同宮則表示事業心重，有熱衷名利之傾向；與夫妻同宮則表示有家庭責任，有受配偶影響之傾向；與財帛同宮則表示偏重金錢物質價值，有受經濟影響左右命運之傾向；與遷移同宮則表示適應環境，易受環境變遷而左右影響之傾向；與福德宮同宮者，表示承襲父祖餘蔭之生活方式，一生受本人人生觀影響主宰之傾向。身宮吉凶配合疾厄宮吉凶，甚能作為推測一個人身體健康、疾病狀況之線索。

《斗數宣微》曰：「看人的形象，以後天的身宮為主，定高矮肥瘦、臉型、面色，然後配合相貌宮，定人相貌。」

《斗數骨髓賦》曰：「命好身好限好，到老榮昌；命衰身衰限衰，終身乞丐。」是故，對於身宮之觀察線索資料，可以整理如下：

一、命身宮俱強，亦要運限強旺，可主富貴壽考；若運限陷弱逢殺湊，雖富可貧雖貴可賤。

二、命身宮俱弱，不宜運限陷弱，當主孤寒下賤，大抵災迍難養。若運限強旺遇化吉，雖貧可富，雖賤可貴。唯其命身俱弱，雖得一時富貴，如非浪得虛名，亦必不能耐久。

三、命強身弱，多主早、少年遇較佳，成、中年以後，切要守成與刻苦奮發，以防運限陷弱，而一蹶不振。

四、命弱身強，多主中、晚年運享福。唯早、少年運陷限弱，難免坎坷顛沛。唯其能如寒梅歷冰霜，微賤孤貧不移心志，始能經煎熬而出人頭地，否則，貧賤或夭亡。

◎兄弟宮：

《斗數玄關》：「判斷同胞兄弟姊妹情緣厚薄、相互間之關係，間接作為與朋友之交遊關係。」

《紫微鏡銓》：「兄弟宮前命後夫妻，表示人接觸父母兄弟於先，後始有夫妻，對宮奴僕，三合疾厄、田宅二宮。兄弟宮表示一個人的兄弟、朋友、同事等平輩間之人緣、人事關係的線索，此宮吉凶較不受重視。」

《紫微斗數新銓》：「可了解一個人的兄弟姊妹發展如何？是否互相接近與幫助？或有所刑剋等。」

《紫微斗數高級命理研究》：「推斷兄弟姊妹人數的多寡，以及兄弟姊妹間緣分的厚薄，還有在社會上的人際關係與發展的狀況。」

《紫微斗數全書》：

紫微：有依靠年長之兄。天府同，三人。天相同，三、四人。破軍同，亦有三人，或各胞生，加羊陀火鈴空劫剋害，有則欠和。

天機：廟旺，有二人。與巨門同，二人。陷地，相背不一心。天梁同，二人。太陰同，二、三人。見羊陀火鈴，雖有而剋害。

太陽：廟旺，三人。與巨門同，無殺加，有三人。太陰同，五人。陷地，不和欠力；加羊陀火鈴空劫，更剋，減半。

武曲：廟旺，有二人，不合。陷宮加殺，只一人。天相同，二人。破軍、七殺同，有一人，不和睦。加昌曲左右，有三人；見羊陀火鈴空劫，孤單。

天同：入廟，四、五人。天梁同，二、三人。巨門同，無殺，三人。太陰同，四、五人。陷地，只二人。見羊陀火鈴空劫，有剋且不和。

天府：有五人。紫微同，加左右昌曲，有六、七人。廉貞同，三人。見羊陀火鈴空劫，只二人。

太陰：入廟，兄弟五人。太陽同，亦五、六人。天機同，二人。科權同，四、五人。見羊陀火鈴空劫，減半且剋，宜分居相背。

貪狼：廟旺，二人。陷地，宜各胞。廉貞同，不和。紫微同，有三人。加羊陀火鈴空劫，孤單。

巨門：廟旺，二人。陷地，各胞有，宜分居。太陽同，加左右昌曲，有三人。天機同，有二人，更乖違不一心。天同同，二、三人；加羊陀火鈴空劫，孤剋。

天相：和平，有二、三人，見殺全無。紫微同，有三、四人。武曲同，二人。廉貞同，二人。見羊陀火鈴空劫，孤單。

天梁：廟旺，二人和順，或多不同胞且不和；陷宮，全無。天同同，三人。天機同，二人。見羊陀火鈴空劫，少。

七殺：主孤剋。在子午寅申宮方，有三人，也不和，宜各人。加昌曲左右便好。

破軍：入廟，三人；陷地加殺，孤單。武曲同，二人。紫微同，二人。廉貞同，一人。加昌曲左右，有三人，和睦；加羊陀火鈴空劫，孤單。

昌曲：諸宮皆有三人。見羊陀火鈴，廟旺不剋；陷宮，孤單。加空劫，全無。

左輔：有三人。同天同昌曲，有四、五人。加羊陀火鈴，有二人；有空劫，欠力不和。

右弼：三人。同府相紫微昌曲，有四、五人。加羊陀火鈴，欠力不和睦。

祿存：相生有兄弟，見殺，剋害招怨。

羊陀：剋害。入廟，一人。眾吉星加，有二、三人；陷地，全無。

火星：入廟，逢有吉星，有一、二人；加廉殺破鈴，孤剋。

鈴星：入廟，相生，有兄弟；加羊陀火空劫，全無。

筆者附註：

「兄弟宮」的意象在斗數命學而言，除了可以判斷同胞之兄弟姐妹的情緣關係外，它也可以作為異姓之兄弟姐妹有無之判斷依據，當然更是可以用作結拜兄弟姐妹間情誼深厚與否的論述線索。所以斗數命學中「兄弟宮」的用途，可千萬不要輕忽它的延伸效應。

◎夫妻宮

《斗數玄關》：「判斷配偶之感情精神生活知情緣，以及結婚與異性間之關係。」

《紫微鏡銓》：「夫妻宮前兄弟後子女，官祿宮居於沖動位，三合就是遷移與福德，女命為強宮，男命雖較不重視，實已具『姻緣天註定』及婚姻生活與事業遷動關係密切之觀念。」

《紫微斗數新銓》：「推斷早婚或遲婚，夫妻生活如何？配偶發展如何？有否刑剋？皆可由本宮星曜瞭解。」

《紫微斗數高級命理研究》：「婚前可看一般男女關係，以及交往的過程；婚後可看夫妻的感情生活。此外，還可看配偶的長相、個性、可能從事的職業，以及對自己是否有幫助，早婚或晚婚等。如果排出大小限、流年，又可推斷其紅鸞星動的時間。」

- **夫妻宮：**擎羊逢力士，有不欲結婚的性向；陀羅逢力士，必主婚事拖延。
- 斗數理旨易明，以紅鸞天喜為婚姻喜事之吉曜，以魁鉞為和合之神，以天馬加臨「夫妻宮」會吉者富貴，加權祿照臨，必主男為官、女封贈。所以天馬之於婚姻觀念上至為簡潔，只要流年三方四正逢祿馬交馳，或夫妻宮有天馬，俱主婚事美滿，夫妻和諧。

《紫微斗數全書》：

紫微：晚聘，偕老，性剛。天府同，偕老。天相同，年少。破軍同，剋刑。加羊陀火鈴，亦刑。貪狼同，有吉星免刑。

天機：宜年少剛強之妻可配，夫宜長。加羊陀火鈴，主生離，晚娶吉。天梁同，宜年長。太陰同，內助美容。

太陽：廟旺，遲娶吉，早娶剋，因妻得貴。與天梁同，加左右，招賢明之妻。太陰同，內助美容。巨門同，無羊陀火鈴空劫，不剋，有此四殺及空劫，定剋。遇耗，非禮成婚。

武曲：背剋，宜遲娶，同年夫妻也相當，加吉星因妻得財；凶娶，因妻去產。

貪狼同，招遲無刑。七殺同，剋二、三妻，加羊陀火鈴空劫，更剋。

天同：遲娶、偕老、夫宜長、妻宜少，加四殺欠和，生離。巨門同，加四殺，亦剋。太陰同，內助美容。天梁同，極美夫婦。

廉貞：三度做新郎。與貪狼同，愈剋。七殺同，亦刑且欠和，加羊陀火鈴，主生離。天府同，偕老，性剛者，亦無剋。

天府：相生寵愛，夫主貴，見羊陀火鈴空劫，遲娶免刑，晚娶得偕老。

太陰：入廟，男女皆貴美，加昌曲，極美；加羊陀火鈴空劫耗忌，不剋，主生離。太陽同，偕老。天同同，內助。天機同，美好，宜少年。

貪狼：男女不得美，三次作新郎。入廟，宜遲娶。廉貞同，主剋，加羊陀火鈴，主生離。紫微同，年長方可對。

巨門：宜年長，定剋，欠和。太陽同，無四殺加，偕老。天機同，內助美貌。天同同，性聰之妻，並頭，加羊陀火鈴空劫，定剋二妻，或主生離。

天相：貌美、賢淑，夫宜年長，親上加親。紫微同，偕老。武曲同，少和。廉貞同，入廟免刑，加羊陀火鈴空劫，刑剋。

天梁：妻宜大，美容。天同同，和氣。天機同，招美淑，加羊陀火鈴空劫，多不和順。

七殺：早剋。武曲同，亦剋，或遲娶免刑。廉貞同，主生離，加羊陀火鈴空劫，剋三妻。

破軍：男女俱剋，別娶，主生離。武曲同，剋三。廉貞同，亦剋，且欠和。紫微同，宜年長之妻。

文昌：妻少，內助聰明。天機、太陰同，主美容，不宜陷地，加羊陀火鈴空劫，甚忌。

文曲：相生。會太陰諸吉星，偕老。同昌曲，妻妾多，加羊陀火鈴空劫忌星，有剋。

祿存：相生，無剋，妻宜年少，並頭。遲娶者，加羊陀火鈴空劫，見截路空亡，孤單。

輔弼：偕老。加羊陀火鈴空劫貪廉同，宜年長剛強之妻。

羊陀：入廟加吉星，遲娶免刑，或欠和；陷地，早剋，加日月巨機火鈴武殺，主生離。

火鈴：入廟加吉，無刑；陷地，刑剋。

魁鉞：多主夫妻美麗，坐妻宮，必主得妻財，加吉星同，主貴美夫婦。

筆者附註：

「夫妻宮」的意象，由於現今社會所呈現的多元與複雜化，因此對於所承傳下來的古籍經典資料，實在是無法廣泛包括無遺，如外遇、二奶、援交……等現象。所以，這就是為何大家都說「紫微斗數還是很年輕的命學」的主要原因呀！

◎子女宮

《斗數玄關》：「判斷本命與子女親情概況、有多少子女；以子女多寡推測性生活、生殖能力。」

《紫微鏡銓》：「子女宮前夫妻後財帛，相對田宅（子女乃田宅之繼承人也），三合父母、奴僕宮，此斗數體認人生人際關係甚為特出之一。子女宮表示一個人與子女親緣關係之線索，間接可以推測一個人性生活與生殖能力的線索。」

《紫微斗數新銓》：「推斷子女的發展如何?子女多寡、是否孝順等，皆可由子女宮內星曜吉凶得知。」

《紫微斗數高級命理研究》：「可看出子女人數的多寡，以及與子女之間緣分的厚薄，還有個人性生活和生殖能力等表現。如配合田宅宮，可看搬遷情形，以及晚輩與我們相處的感情狀況。」

●星命五行生旺論子息多少訣：

「長生四子至旬半，沐浴一雙保吉祥，冠帶臨官三子位，旺中五子自成行，衰中二子病中一，死中至老沒兒郎，絕中養取他人子，入墓之時命么亡，受氣為絕一個字，胎中頭女有姑娘，養中三子只留一，男女宮中仔細詳。」

《紫微斗數全書》：

凡看子女，先看本宮星宿，主有幾子。若加羊陀火鈴空劫殺忌，主生子女有刑尅；次看對宮有刑沖否。如本宮無星曜，專看對宮有何星宿，主有幾子。若善星貴星守子女宮，必主其人生子昌盛貴顯；若惡星又同刑殺守子女宮，不是刑尅，主生強橫破蕩之子。又看三方四正，得南斗星多，主多生男，北斗星多，主多生女。若太陽落在陽宮，主先生男；太陰落在陰宮，主先生女。專看刑殺守本宮，無制化相生，必然絕嗣。日生，最怕太陰臨，夜生，最怕太陽臨，此星若在兒女宮方，恐到老無兒叫。

紫微：廟旺，男三女二，加左右昌曲有五人，加羊陀火鈴空劫只一雙，不然偏室生者多，或招嗣子居長。

紫破：三人。

紫府：加吉星，四五人，加昌曲左右有貴子；紫微獨守，再加空劫，為孤君（有一子之意）。

天機：廟旺，二人，或庶生多。

機巨：一人。

機梁：在寅宮有二三人，在申宮女多男少，只可一子。

機月：二三人；天機加羊陀火鈴空劫，全無子。

太陽：入廟，男三女二，晚子貴。

日巨：三人。

日月：五人，陷地有三子，不成蓋；再加羊陀火鈴空劫，只留一子送終。

武曲：主一子，或生者多，成至一人。

武破：主刑，只有一人加羊陀火鈴空劫，絕嗣。

武貪：晚招二子。

武相：先招外子，後親生一子。

武殺：主孤或傷殘子女。

天同：廟旺，五子，有貴。

同巨：三人。

同陰：五人，在午宮陷地減半。

同梁：先女後男，有二子；守在申宮，只可留一子送終；在寅宮，加吉星，有三子，加羊陀火鈴空劫，見刑剋，子少送終。

廉貞：一人。

廉府：主貴子三人。

廉貪：主孤，再加羊陀火鈴空劫，全無；「廉殺」、「廉破」亦然。

廉相：有二子。

天府：五人。

府武：二人。

府紫：四、五人。

府廉：三人，加羊陀火鈴空劫，只三人（不貴）。

太陰：女三男二，先女後男。廟旺，有貴子；陷地減半。招軟弱之子，或虛花不成器。

月機：二人。

月同：五人。廟地無剋，陷宮有剋；加羊陀火鈴空劫，子少。

貪狼：廟旺，二人，早有刑。紫微同，二人；廉貞同，子少，加吉星，二人；武曲同，三人，先難後易。

巨門：入廟，二人，先難後易。太陽同，居頭一、二子易養，加羊陀火鈴，子少。天機同，一人，有吉星同二人，加空劫，全無。

天相：無羊陀火鈴同，有二子成器；有殺，先招祀子居長，親生一、二子。紫微同，加昌曲左右，有三、四人。武曲同，有三人，見羊陀火鈴空劫，必剋，宜偏室生。

天梁：廟旺，二人，加羊陀火鈴空劫，早剋。天同同，加昌曲左右吉星，有三人。天機同，有二人，加羊陀火鈴空劫，全無。

七殺：主孤，一人之分。紫微同，加吉星，有三人，見羊陀火鈴空劫，全無，縱有，不成器，必強橫敗家之子。

破軍：入廟，三人，剛強之子。紫微同，三人。武曲同，加昌曲左右，有三人。廉貞同，一人，見羊陀，相生有制、無制，見空劫火鈴，子少。

左輔：單居，男三女一。見紫微天府諸吉星，主貴子；見破殺羊陀火鈴空劫，止二人，有也不成器。

右弼：三人。加吉星，有貴子；見羊陀火鈴空劫，減半。

文昌：三人。加吉星，更多；見羊陀火鈴空劫，只可一子之分。

文曲：廟旺，有四人；陷地，有二、三人，加羊陀火鈴，子少。

祿存：主孤，宜庶出，一螟蛉之子；加吉星，有一人，加火星諸煞，孤刑。

羊陀：陷宮，孤單，加吉星，廟旺，有一人。如對宮有吉星多，無殺沖，亦有三、四人，見耗殺忌在本宮，絕嗣。

火星：逢吉同，不孤；陷宮，加殺，刑傷。

鈴星：獨守，孤單。加吉星入廟，可許庶出，看對宮吉多，二、三人。

魁鉞：單守，主有貴子。

筆者附註：

「子女宮」的意象，對於《紫微斗數全書》內容中所記載的子女數量一項而言，於現今社會實在已經有點力不從心的感覺，畢竟現代醫學對於生育學的控管，已經達到了幾乎百分之百的把握，如「試管嬰兒」的創舉、避孕、墮胎……等。

再者，現今社會的複雜與多元化，交通工具的來往便捷，以及人類對於「性」的浮濫與縱容，如同性戀、雜交等，甚至毒品的食用氾濫等等，在在都是影響生育或是生出子女品質的重要因素。

但是這些要素，對於紫微斗數命學而言，都是當時之創造發明者所無法預知與想像得到的狀況。因此，對於這些由於時代變遷所發展出的產物，就著實需要靠吾等後世之研習者，大家一起加油、一起努力去開發與研究囉！

◎財帛宮

「財帛宮」是我們用以觀看一生錢財來往出入的狀況。這在紫微斗數命學中，是列入「三方四正」的理論。

《斗數玄關》：「判斷本命錢財之賺聚能力，以及錢財動產方面的好壞『財運』機會。」

《紫微鏡銓》：「財帛宮前子女後疾厄，對宮福德，三合命宮與官祿，不論男女命俱為強宮，夫妻為共同財產，因此相輔相成，互相影響。財帛宮為觀察一個人錢財經濟及事業財運的線索。」

《紫微斗數新銓》：「推斷一個人的財運如何適合以何種事業進財，皆可由本宮星曜瞭解。」

《紫微斗數高級命理研究》：「凡是與財有關的事情，皆可由財帛宮來看。如財運的好壞、收入的高低，但看財還應參看田宅與福德兩宮，因為有錢的人，這三宮一定都坐的很好。如果遭遇破大財時，財帛宮一定不好，而田宅宮、福德宮也不好，三宮並論才能判斷。」

《紫微斗數全書》：

紫微：豐足倉箱，加羊陀火鈴空劫，不旺。破軍同，先難後易。天相同，財帛積蓄。天府同，富足，終身保守；加左右，為財富之官。七殺同，加吉，財帛橫發。

天機：勞心費力生財。巨門同，鬧中求取。天梁同，機關巧計生外財。太陰同，陷宮成敗；加羊陀火鈴空劫，一生有成有敗。

太陽：入廟豐足，陷宮勞碌不遂。太陰同，加左右吉星，發財不小。祿存同，操心得財致大富。巨門同，早年成敗，中年充盈。

武曲：豐足。化吉，有巨萬家資；無吉加，鬧中進財。破軍同，東來西去，先無後有。天相同，財帛豐盈，遇貴生財成家。七殺同，白手生財成家。貪狼同，三十年後方發財；加羊陀火鈴，不聚，極怕空亡。

天同：白手生財，晚發。巨門同，財氣進退。天梁同，大旺，加四殺空劫，或九流人，生財成家。

廉貞：在申寅宮，鬧中生財；陷宮，先難後易。貪狼同，橫發橫破，見羊火，極生橫進之財。七殺同，鬧中取財。天相同，富足倉箱；加耗劫天空，常在官府中破財。

天府：富足。見羊陀火鈴空劫，有成敗。紫微同，巨積。廉貞武曲同，加權祿為富奢翁。

太陰：入廟，富足倉箱；陷宮，成敗不聚。太陽同，先少後多。天機同，白手生財成家。天同同，財旺生身。祿存兼左右同，主大富。

貪狼：廟旺，橫發；陷地，貧窮。紫微同，守現成家計，日後更豐盈。見火星，三十年前，成敗；三十年後，橫發。

巨門：白手生財起家，宜鬧中取財，氣高之人橫破。太陽同，入廟，守成家計。天機同，財氣生財，所作不一。天同同，白手成家，九流人吉。加羊陀火鈴空劫，破財多端。

天相：富足。紫微同，財運橫進。武曲同，加四殺，百工生財。廉貞同，商賈生財；加羊陀火鈴空劫耗忌，成敗無積聚。

天梁：富足。入廟，上等富貴；陷宮，辛勤求財度日。天同同，白手生財勝祖。天機同，勞心用力，發財不多；遇吉，方見成家。加羊陀火鈴空劫，先難後易，僅足度日。

七殺：寅申子午宮入廟，財富橫發；陷宮，勞心苦志生財。加羊陀火鈴，財運波折；見空劫，一生窮困度日。

破軍：在子午宮，多有金銀寶貝蓄積。辰戌旺宮，亦財盛；陷宮，破祖不聚。武曲同，守巳亥宮，東來西去。紫微同，先去後生。廉貞同，勞碌生財，先難後遂。加空劫，極貧。

文昌：富足倉箱。加吉星，財氣旺。巨門同，富；陷地加羊陀火鈴空劫，寒儒輩。

文曲：入廟，富足。加吉星，得貴人財；加羊陀火鈴空劫耗忌，東來西去，成敗不遂。

輔弼：諸宮富足。會諸吉星，得貴人財；加羊陀火鈴空劫耗忌，主成敗而不聚。

祿存：富足倉箱，堆金積玉。加吉，美，不待勞而財自加；加羊陀火鈴空劫耗忌，先無後有。

擎羊：辰戌丑未宮中，鬧中生財；陷地，破祖不聚，終不能發達，只魚鹽汙垢中生財。

陀羅：鬧中生財，陷宮，辛勤求財度日。加空劫，東來西去。

火星：獨守，橫發橫破；陷宮，辛勤。加吉星，財多，遂志。

鈴星：入廟獨守，橫發；陷地，孤寒辛苦度日。

魁鉞：主清高中生財，一生遂志。

◎疾厄宮

《斗數玄關》：「判斷本命健康狀況，推測身體比較容易染患的疾病。」

《紫微鏡銓》：

「疾厄宮前財帛後遷移，父母宮居於沖動位，三合田宅與兄弟宮。

疾厄宮表示一個人健康狀態，與體質狀況的線索。大概斗數已具備『健康就是財富』的觀念，所以另外還有『命主』、『身主』、『身宮』，更有五行生旺之『病』位、煞祿神之『病符』，可見古代極重視身體健康。」

《紫微斗數新銓》：「推斷一個人的身體如何？是否健康？身體上哪一部分器官較弱？需要注意，可由本宮的星曜來瞭解。」

《紫微斗數高級命理研究》：「可看一個人的體質和健康狀態，而推論疾病發生的部位，和應驗的時間。」

《紫微斗數全書》：

先看命宮星曜，落陷加羊陀火鈴空劫化忌守照如何，又看疾厄宮星曜善惡、廟旺、落陷如何，斷之！

紫微：災少。天府同，亦少。天相同，皮胎勞。加破軍，血氣不和。同羊鈴，主有暗疾。加空劫，主疢疾，心氣疾。

天機：襁褓多災；陷地，頭面破相。巨門同，血氣疾。天梁同，下部疾。太陰同，瘡災。加羊火陷宮，有目疾、四肢無力。

太陽：頭風。太陰同，加化忌、羊陀，主眼目有傷；陷宮，亦主目疾，欠光明。

武曲：襁褓災迍，手足頭面有傷。羊陀同，一生常有災。天相同，招暗疾。七殺同，血疾。貪狼同，廟旺無疾；陷地加四殺，眼手足疾，痔瘡、瘋瘡。

天同：入廟，災少。巨門同，心氣疾。太陰同，加羊火，血氣疾。天梁同，加四殺，心氣疾。

廉貞：襁褓災瘡，腰足之疾。入廟加吉星，和平。遇貪狼同，陷地，眼疾，災多。七殺、破軍、天府同，災少。

天府：災少，臨災有救。紫微同，災少。加羊陀火鈴空劫，有瘋疾。廉貞同，加劫殺空亡，半途傷殘。

太陰：廟旺，無災；陷地，災多，主勞傷之症，女人主有傷殘。若太陽同，加吉美，一生災少；加羊陀火鈴，眼目疾。加空劫，有瘋疾。天同同，加羊陀陷宮，主加症（併發症）。同火鈴，多災。

巨門：少年膿血之厄。太陽同，有頭瘋疽。天同同，下部主有瘋症。加羊火，酒色之疾。加忌，有耳目之憂。

天相：災少，面皮黃腫，血氣之疾。紫微同，災少。武曲同，加四殺，破相。廉貞同，加空劫，手足傷。

七殺：幼年多災，長，主痔疾。武曲同，加四殺，手足傷殘。廉貞同，主目疾。加擎羊，四肢有傷殘。

破軍：幼年瘡癩膿血羸黃。武曲同，目視疾。紫微同，災少。廉貞同，加羊火，四肢有傷殘。

文昌：獨守，災少。加羊陀火鈴空劫，災多。同諸吉星，一生無災。

文曲：災少。加吉星，一世無災。加羊陀火鈴空劫，坐陷宮，災有。

左輔：獨守，平和。加吉星，災少；見羊陀火鈴空劫，災多。

右弼：獨守，逢災有救；見羊陀火鈴空劫，災多。

祿存：少年多災。加吉星，災少；見羊陀火鈴，四肢必傷殘。加空劫，致暗疾延生。

擎羊：有頭瘋之症，或四肢欠力，頭面破相，延壽。加吉星，災少。

陀羅：幼年災磨。唇齒頭面有傷破，方可延壽。

火鈴：主一生災少，身體健旺伶俐。

◎遷移宮

《斗數玄關》：「判斷本命命運變遷、陞遷、改變之機會，推測才能的發揮、行為力之表現，旅行、遷徙的關係概況。」

《紫微鏡銓》：「遷移宮前疾厄後奴僕，對宮即是本命宮，三合是福德與夫妻宮。

遷移宮表示一個人才能的發揮、人生的際遇、職位陞遷、變動、居住旅行，以及本人工作能力，與環境關係的線索。」

《紫微斗數新銓》：「有關遠行、旅遊、搬家，以及是否離鄉背井之命等，可由本宮星曜瞭解。」

《紫微斗數高級命理研究》：「可看外出、旅行運的吉凶。如遷移宮有化忌或煞星時往往出門不順容易遭遇車禍跌傷或訪人不遇辦事易出紕漏等。可看一個人在外的機遇和所處環境機會的好壞所以又叫『機遇宮』。」

《紫微斗數全書》：

紫微：同左右，出外貴人扶持，發福。天府同，出入通達。天相同，在外發財。破軍同，貴人見愛，小人不足；加羊陀火鈴空劫，在外不安靜。

天機：出外遇貴，居家有是非。巨門同，動中則吉。天梁同，出外稱意。太陰同，忙中吉；加羊陀火鈴，在外多是非，身不安靜。

太陽：宜出外，發福，不耐靜守。太陰同，出外，忙中吉。巨門，勞心；加羊陀火鈴空劫，在外招是非。

武曲：鬧中忙，進少，不宜靜守。貪狼同，做巨商。七殺破軍同，身心不得靜守。加羊陀火鈴，在外招是非。

天同：出外遇貴人扶持。巨門同，勞心。太陰同，辛苦。天梁同，貴人見愛；加羊陀火鈴空劫，在外少遂志。

廉貞：出外通達近貴，在家日少。貪狼同，鬧中立腳。七殺同，在外廣招財。

天府：出外遇貴人扶持。同紫微，發福。廉貞、武曲同，鬧中取財做巨商。天相同，動中則吉；加羊陀併，三方有凶殺，死於外道。

太陰：入廟，出外遇貴發財；陷地，招是非。太陽同，極美。太陰同，欠寧靜。天同同，在廟旺地，出外白手生財成家。

貪狼：獨守，在外勞碌，鬧中橫進財。廉貞同，加四殺，在外艱難。武曲同，做巨商，加羊陀火鈴空劫耗殺，流年遭兵劫掠。

巨門：出外勞心不安，與人不和，多是非。加羊陀火鈴空劫，愈甚。

天相：出外貴人提攜。紫微同，吉利。武曲同，在外發財。廉貞同，加羊陀火鈴，招是非，小人不斷。

天梁：出外近貴，貴人成就。天同同，福厚。天機同，藝術途中走。

七殺：在外日多，在家日少。武曲同，動中則吉。廉貞同，在外生財。紫微同，在外多遂志；加羊陀火鈴空劫，又操心不寧，或流蕩天涯。

破軍：出外勞心不寧。入廟，在外崢嶸。加羊陀火鈴，奔馳巧藝走途中。加文昌、文曲、武曲相會，優伶之人。

文昌：出外遇貴發達，小人不足；加羊陀火鈴空劫，在外欠安寧。

文曲：在外近貴，加吉星得財，加羊陀火鈴，少遂志。

左輔：動中貴人扶持，發福；加羊陀火鈴，小人不斷，多招是非。

右弼：出外遇貴人扶持發達，不宜靜守；加羊陀火鈴空劫，在外與人有爭競。

祿存：出外衣祿遂心，會羊陀火鈴空劫，與人多不足意。

擎羊：入廟，在外衣祿遂心。加吉星，鬧中取財；陷地，雖有成，下人多不足。

陀羅：會吉星，在外遇貴得財；陷地，加羊陀火鈴空劫，多招是非，下人不足。

火星：獨守，出外不安。加吉星，鬧中進財；加羊陀空劫，招是非，在外少遂意。

鈴星：有吉星同，出外吉；加羊陀空劫，下人不足，招是非。

◎僕役宮

《斗數玄關》：「判斷部屬、僱用，與本命之相處與影響，亦為有求於本命之朋友交誼關係之參考。」

《紫微鏡銓》：

「奴僕宮前遷移後官祿，對宮兄弟沖動，三合父母、子女。譬喻用本命為父母、子女、兄弟之奴僕而生活，三者亦為本命之奴僕。

奴僕宮往往被新人說為交友宮，實不能涵蓋斗數之用意，故仍從舊不改。

奴僕宮為觀察一個人部屬、員工、佣人等『半卑』輩相處關係之線索。」

《紫微斗數新銓》：「由本宮可了解人際關係之好壞。」

《紫微斗數高級命理研究》：「可看人事接觸關係的好壞。如與朋友、部屬、同事間緣分的厚薄，自己是否是一個良好的知識傳播者，個人的觀點是否能被別人接受等，都可由這一宮內的星曜看出來。但是，女人就不適宜有太多的貴人星集中在奴僕宮中，以免社交面的接觸過於廣闊，而產生出複雜的感情。」

《紫微斗數全書》：

紫微：成行得力，旺主生財。加羊陀火鈴，欠力。破軍同，先難後有招。天相同，得力；加空劫，招怨逃走。

天機：入廟，得力；陷宮，怨主。天梁同，晚招。太陰同，欠力。巨門加吉星，有奴婢；加羊陀火鈴空劫，全難。

太陽：入廟，旺，主發；陷宮，無分，有也怨主，會走。太陰同，多招。巨門同，有，多招怨；加羊陀火鈴，奴則背主。

武曲：旺宮，不少，一呼百諾。天府同，多奴多婢。破軍同，招怨，會走，末年有招。天相同，得力。七殺同，背主。貪狼同，欠力。

天同：得力，旺相。巨門同，先難後易。太陰同，得力。天梁同，助主；加羊陀火鈴，有背主之奴；若見空劫，怨主，會走。

廉貞：陷地，奴背主，晚年方招得。入廟，一呼百諾。貪狼同，欠力。七殺，同背主。天同同，多奴多婢；加羊陀火鈴，不旺，會走。

天府：得力，一呼百諾。紫微同，助主成家。武曲同，奴僕多，有。加羊陀火鈴空劫，多背主逃走。

太陰：廟地，得地成行。太陽同，多奴多婢。天機同，欠力。天同同，旺主；加羊陀火鈴空劫，雖有而走，陷地，全無。

貪狼：初難招，敗主之奴；陷地，全無。廉貞同，亦少。紫微同，少奴婢。加羊陀火鈴空劫，雖有難育。

巨門：入廟，早年不得力，招是非，不能久居。太陽同，助主衛家。天同同，不一心。天相同，末年招得。

天相：末年招得。紫微同，多奴多婢。武曲同，怨主。廉貞同，末年可招。加羊陀火鈴空劫，欠力逃走。

天梁：奴多，旺主。天同同，有衛家之奴。天機同，不一心。

七殺：欺主，有剛強之僕，多盜家財。武曲同，背主。廉貞同，欠力。加羊陀火鈴空劫，難招。

破軍：入廟，得力；陷宮，招怨，背主。武曲同，違背。紫微同，得力。廉貞同，欠力。加羊陀火鈴空劫，難招。

文昌：入廟，獨守，得力財主。加羊陀火鈴空劫，定有背主之奴。

文曲：入廟，得力；陷宮，無分。加羊陀火鈴空劫，怨主逃走。

左輔：獨守，旺主，一呼百諾。加羊陀火鈴空劫耗忌，背主難招。

右弼：獨守，成行。加羊陀火鈴空劫耗忌，背主盜財而走。

祿存：奴僕多。加吉星，衛主起家。見羊陀火鈴耗忌，欠力。

擎羊：背主、招怨、不得力，有也不長久。入廟，晚年方可招。

陀羅：奴僕欠力，怨主；入廟加吉星，有分。

火星：獨守，怨主不得力。加吉星入廟，可招一二。

鈴星：獨守，不得力，恨主。會吉星入廟，助主衛家。加空劫耗忌全，欠力。

◎官祿宮

《斗數玄關》：「判斷本命職業機緣、精神、及長、上輩、同事關係。」

《紫微鏡銓》：

「官祿宮新詮為事業宮甚為恰當，前奴僕後田宅，夫妻居於沖動位三合本命與財帛宮輕輕鬆鬆就說明了事業對於本命的重要性，但古代社會以男性為中心，職業婦女幾乎不得一見，又女性招贅者亦少，所以女命有不重視此宮之觀念。

官祿宮表示一個人事業職位之狀況，間接可以推測與長上輩關係適合從事何業之線索。」

《紫微斗數新銓》：「宜從事何種職業，是否適合創業，皆可由本宮星曜瞭解。」

《紫微斗數高級命理研究》：「官祿宮又叫做『事業宮』，可以看事業發展的成敗、讀書的優劣、所參與職業或考試的性質。官祿宮與財帛宮相較，如果財帛宮勝於官祿宮者，則宜創業；官祿宮勝於財帛宮者，則宜奉職。」

《紫微斗數全書》：

紫微：廟旺，遇左右昌曲魁鉞，軒勝，位至封侯伯。加羊陀火鈴，平常。天府同，權貴，名利兩全。天相加，內外權貴，清正。破軍同，鬧中安身。

天機：入廟，權貴。會文曲，為良臣；不見羊陀火鈴，方宜。天梁同，文武之材。太陰同，名震邊夷；陷宮，退官失職，吏員立腳。

太陽：入廟，文武為良，不見羊陀火鈴，吉。太陰同，貴顯。左右昌曲魁鉞同，更加科權祿，定居一品之貴。

武曲：入廟，與昌曲左右同，武職崢嶸，常人發福。會科權祿，為財富之官。貪狼同，為貪污之官。破軍同，軍旅內出身與安身。七殺同，橫立功名；陷宮，及陀鈴劫忌，功名無分。

天同：入廟，文武皆宜；無羊陀火鈴，吉。巨門同，先小後大。太陽昌曲科權祿，吉美。天梁同，權貴。太陰同，衣錦富貴。

廉貞：入廟，武職權貴，不耐久。貪狼同，鬧中權貴。紫微會三方，文職論。七殺同，軍旅出身。天相、天府同，衣錦富貴。

天府：入廟，文武皆吉；無羊陀火鈴空劫耗忌，全美。紫微同，文武聲名。廉貞、武曲同，權貴。見空劫，平常。

太陰：入廟，多貴；陷地，氣高、橫破、難顯達。會太陽昌曲左右，三品之貴。天同同，文武皆宜。天機同，鬧中進身，吏員立腳。

貪狼：入廟，遇火鈴，武職掌大權。紫微同，文武之職，權貴非小；陷宮，貪污之官。加羊陀空劫，平常。

巨門：入廟，武職權貴，文人不耐久。太陽同，有進退；入廟，久長。在卯宮，吉美；在酉宮，雖美無始終。陷宮，遭悔吝。加羊陀火鈴空劫，更不美，退官卸職。

天相：入廟，文武皆宜，食祿千鍾；陷地，成敗。紫微同，權貴。昌曲左右同，權顯榮貴。武曲同，邊夷之職。廉貞同，崢嶸權貴。加羊陀火鈴空劫，有貶謫。

天梁：廟旺，會左右魁鉞，文武之才。天同同，權貴不小。天機同，崢嶸貴顯。加羊陀火鈴空劫，平常。

七殺：廟旺，武職崢嶸，權貴非小，不宜文人。武曲同，權貴。廉貞同，功名顯達。

破軍：廟旺，武職軒勝。武曲同，加權祿文昌文曲，顯達。加羊陀火鈴，平常。紫微同，官名鎮揚。廉貞同，文人不耐久，胥吏最美。

文昌：入廟。太陽同，加吉科權祿，文武之才。同天府、文曲，富貴雙全。

文曲：廟旺，文武皆宜；陷宮，與天機太陰同宮，胥吏權貴。會紫府左右，近君顏而執政。加羊陀火鈴空劫，平常。

左輔：入廟，文武之才，武職最旺，不利文人。會吉星，身中清高，文武皆良。加羊陀火鈴空劫，進退聲名。

右弼：宜居武職，不利文人。與紫府昌曲同，財官雙美；陷宮，有貶謫。加羊陀火鈴空劫，亦有黜降。

祿存：會吉，文武皆良，財官雙全，子孫爵秩，諸宮為美。

擎羊：入廟，最利武職。同吉星，權貴；陷地，平常虛名而已。
陀羅：獨守，平常。加吉星，亦虛名而已。
火星：晚年，功名遂心，早年成敗。會紫微、貪狼，吉；陷地，不美。
鈴星：獨守，旺宮，吉；陷地，不美。加諸吉星，權貴。

【定公卿】

輔弼星躔帝座中，高官三品入朝中；空亡惡曜三方見，只是虛名受蔭封。

【定兩官府】

昌曲二曜最難逢，建節封侯笑語中；若然凶殺來臨破，須然好處也成凶。

【定文官】

文官昌曲掛朝衣，官祿之中喜有之；紫相更兼權錄至，定居風憲肅朝儀。

【定武官】

將軍武曜最為良，帝座權衡在祿鄉；輔弼二星兼拱照，金章玉帶佐皇王。

【定曹吏】

太陽化官在陽宮，更有光輝始不凶；若逢紫微兼左右，一生曹吏逞英雄。

◎田宅宮

《斗數玄關》：「判斷本命田宅不動產之多寡機緣關係。」

《紫微鏡銓》：

「田宅宮前官祿後福德，對宮正是子女宮，三合兄弟與疾厄，不論男女命俱為強宮。」

田宅宮表示一個人名下不動產多寡與否之狀況線索。」

《紫微斗數新銓》：「是否能繼承祖業，或是自置田宅、居處，和辦公室的環境如何，皆可由田宅宮內的星曜來分析。」

《紫微斗數高級命理研究》：「用以判斷早年出生環境的好壞、中年家中人口是否安寧，以及晚年子女的奉養情形。此外，還可以看房屋等不動產的多寡、是否會整修房地產、何時搬家遷移，或者是家居附近的環境狀況。。」

《紫微斗數全書》：

紫微：茂盛，自置，旺相。加羊陀火鈴空劫，有置有去。破軍同，退祖。天相同，有漸成家業，得左右昌曲，吉，置產。

天機：退祖，新創置。巨門同，在卯宮，有田庄；在酉宮，不守祖業，先大後小。天梁同，有置產；晚年富。太陰同，自置，旺相。

太陽：入廟，得祖業，初旺末平。太陰同，加吉星，田多。巨門同，在寅宮，旺盛；在申宮，退祖，不為無田產。陷地，逢羊陀火鈴空劫，全無。

武曲：單居，旺地，得祖父大業。陷地，退後方成。破軍大耗同，破蕩家產，有也不耐久。天相同，先見破，後方有。七殺同，心不欲。天府同，守見成家業。貪狼同，晚置。見火鈴星同，極美，田產茂盛。同空劫，有進有退。

天同：先少後多，自置甚旺。巨門同，田少。太陰同，入廟，大富。天梁同，先退後進。加羊陀火鈴空忌，全無。

廉貞：破祖。貪狼同，有祖業不耐久。七殺同，自置。天府同，守現成家業。天相同，先無後有。

天府：田園茂盛，守祖，自置，旺相。紫微同，大富。廉貞、武曲同，守祖業榮昌。見羊陀火鈴空劫，更少，有成敗。

太陰：入廟，田多；陷地，加忌及羊陀火鈴空劫，田全無。天機同，自創置。天同同，白手自置。同左右權祿及祿存，主多田產。

貪狼：陷宮，退祖，一世田少；廟旺，有祖業也去，中末自有置。廉貞同，無分。紫微同，有祖業。武曲同，晚置。見火鈴星，守祖業，有自創，但恐火焚屋宅。

巨門：廟旺，橫發置買；陷地，無分，因田產招非。太陽同，先無後有。加羊陀火鈴空劫，田宅全無。

天相：廟旺，有分。紫微同，自置。武曲同，無分。廉貞加羊陀火鈴空劫，飄零祖業。

天梁：入廟旺，有祖業。天同同，先難後易。天機同，不見羊陀火鈴空劫，終有田宅。

七殺：守祖業，不善經營，加羊陀火鈴空劫，多破失。

破軍：在子午宮，守祖業榮昌，但見有進退。加羊陀火鈴，退祖，田少。紫微同，有現成家業。廉貞同，先破後有置。耗忌，全無。

文昌：會諸吉，田園廣置。加羊陀火鈴空劫，敗祖。

文曲：旺地，有分，守祖業。加吉星，自置。同羊陀火鈴空劫湊，有進有退。

左輔：有祖業。加羊陀火鈴空劫，退祖，田地少。會吉星多。

祿存：田園多，旺，自置。會吉星，承祖業，榮昌。加羊陀火鈴空劫，田宅少。

擎羊：入廟，先破後成；陷地，加空劫，退祖業。

陀羅：退祖，辛勤度日。加吉星，先無後有。加空劫，全無。

火星：獨守，退祖業。會吉星，先無後有。加空劫，全無。

鈴星：退祖。入廟，加吉星，自有置。見空劫，全無。

◎福德宮

《斗數玄關》：「判斷本命壽命長短，以及精神感受上之享受苦樂關係。」

《紫微鏡銓》：

「福德宮前田宅後父母，對宮即是財帛宮，三合是夫妻與遷移，無論男女命俱為強宮。

福德宮表示一個人壽命長短、人生享受、精神生活關係之線索。」

《紫微斗數新銓》：「有些人一生辛勞，也有人雖然從事較費神的工作，卻有優裕的享受，多少與福德宮的星曜有關。」

《紫微斗數高級命理研究》：「福德宮與人的精神生活有極大關係。一個人的心神如何，是否看得開等，都可由此宮內的星曜得知。它可以知人壽命的長短、健康的情況，還可以看出此人一生所可享有的福分，如艷福、食祿等。而且，它可與命宮、身宮，合看一個人的個性與才能，極為重要。」

《紫微斗數全書》：

紫微：福厚安樂。天府、天相同，終身獲吉。破軍同，勞心費力不安。加羊陀火鈴空劫，福薄。天機同，享福終身。

天機：先勞後逸。巨門同，勞力欠安。天梁同，享福。太陰同，主快樂。加羊陀火鈴空劫，奔走不得寧靜。

太陽：忙中發福。太陰同，快樂。巨門同，費力欠安。天梁同，快樂；女人會吉星，招賢明之夫，享福。加羊陀火鈴空劫耗忌，終身不美之論。

武曲：勞心費力。入廟，安然享福。破軍同，東走西行不寧靜。天相同，老境安康。七殺同，欠安康。貪狼同，晚年享福。見火鈴星，安逸。加羊陀，操心費力。

天同：快樂有福有壽。巨門同，多憂少喜。太陰同，享福。天梁同，清閒快樂。

廉貞：獨守，忙中生福。天相同，有福有壽。天府同，安樂無憂。破軍同，不守靜，勞心費力。再加羊陀火鈴，勞苦終身，末年如意。

天府：安靜享福。紫微同，快樂。廉貞同，身安心忙。武曲同，早年更辛苦，中晚年，安樂享福。加羊陀火鈴空劫耗忌，勞苦過日。

太陰：入廟，享福快樂。太陽同，極美，僧道亦清潔，享福。天機同，心忙。天同同，安靜無憂。加羊陀火鈴空劫，有憂有喜，不得安寧。

貪狼：勞心不安。廉貞同，福薄。紫微同，晚年快樂。

巨門：勞力不安。太陽同，有憂有喜。天機同，心忙不安。天同同，享福。加羊陀火鈴空劫，生平多憂。

天相：安逸享福，有壽。紫微同，快樂。天機同，忙中吉。太陽同，福壽雙全。加羊陀火鈴空劫，不得心靜。

天梁：隨遇而安、清心寡欲、知足常樂、安逸享福。加羊陀火鈴空劫，亦能樂在其中。

七殺：入廟，享福；陷地，加羊陀火鈴，勞心費力。武曲同，欠安。廉貞同，辛勤。紫微同，先勞後逸，末年方如意遂心。

破軍：勞心費力。武曲同，欠安。廉貞同，辛勤。紫微同，安樂。加羊陀火鈴空劫，操心不得寧靜。

文昌：加吉星，入廟，享福快樂；陷地，遇羊陀火鈴空劫，心身俱不得安寧。

文曲：加吉星，入廟，享福快樂；陷地，遇羊陀火鈴空劫，心身俱不得安寧。

左輔：加吉星，享福。獨守，晚年安寧。加羊陀火鈴空劫，辛勤。

右弼：生平福祿全美。加吉星，一生少憂。見羊陀火鈴空劫湊，勞心欠安。

祿存：終身福厚，安靜處世。加吉星，有喜有福。見火鈴空劫，心身不得安寧。

魁鉞：有貴人為伴，享福快樂。

擎羊：入廟，動中有福；陷宮，勞心欠力。得吉星同減憂；獨守，身心不安。

陀羅：獨守，辛勤。入廟，有福祿；陷地，奔馳。加吉星，晚年有福。

火星：欠安，勞力辛勤。加吉星，晚年遂志。

鈴星：勞苦。加吉星，平和。獨守，辛勤。

◎父母宮

《斗數玄關》：「判斷本命與父母親情厚薄，以及父母恩惠影響的關係。」

《紫微鏡銓》：

「父母宮又作『相貌宮』，含有『身體髮膚受之父母』之觀念，所以論人形貌，還須以本宮吉凶作參考。前福德後本命，對宮是疾厄，三合奴僕與子女。父母宮表示一個人與父母之親緣，承受父母恩惠多寡之線索。」

《紫微斗數新銓》：「一個人幼年時，是否能得到父母的照顧，及父母的各種狀況，皆可由父母宮配合命宮、福德等宮的星曜瞭解。」

《紫微斗數高級命理研究》：「可看父母的吉凶，與父母緣分的厚薄，或由父母所受恩惠的深淺。又叫做相貌宮。所以，如果與命或身宮配合，可以用來看一個人的相貌。」

《紫微斗數全書》：

凡看父母，以太陽為父，太陰為母。太陽在陷宮，主先尅父；太陰在陷宮，主先尅母。如二星俱在陷宮，只以人之本生時論。日生者，主父存；夜生者，主母在。若夜生者，太陰星主母存，反背不明，主母先尅；日生者，太陽主父在，反背暗晦，主父先尅。余試之屢驗矣！學者宜心識之。先有本宮某星主刑尅，又加惡殺，則以刑尅斷之，據理參詳，在乎人之自悟耳！

紫微：無尅。天府同，亦無刑。加羊陀火鈴空劫，亦尅。天相同，無刑。貪狼同，無殺加，亦無刑。破軍同，早尅。

天機：廟旺，無刑；陷地，逢羊陀火鈴空劫，二姓寄居，重拜父母，或過房入贅。太陰同，免刑。天梁同，無刑，俱要無殺加，有殺加，也不免刑傷。巨門早刑。

太陽：入廟，無尅。陷地，尅父。加羊陀火鈴空劫，尅父母早。太陰同，看無羊陀湊，父母全，遲刑。巨門同，加四殺空劫，早尅。天梁同，無刑。

武曲：尅早，退祖業不刑。貪狼同，刑尅。七殺同，有刑。天相同，加羊陀火鈴空劫，刑傷。

天同：獨守廟旺，無刑，加四殺，重拜父母。巨門同，欠和。太陰同，父母雙全。天梁同，無刑，或退祖業。加羊陀火鈴空劫，父母不全

廉貞：難為父母，棄祖重拜。貪狼同，早刑。七殺同，孤尅。天府同，免刑。破軍同，早刑。加羊陀火鈴空劫，父母不周全。

天府：父母雙全。紫微同，亦無刑。廉貞、武曲同，在廟旺，無刑，加羊陀火鈴空劫，主刑傷。

太陰：入廟，無尅。加羊陀火鈴，尅母，不然過房棄祖。太陽同，無四殺，父母雙全。天機同，無刑。天同同，極美。

貪狼：陷地，早棄祖重拜，過房入贅。廉貞同，早刑，主孤單。紫微同，無殺加，雙全。

巨門：陷地，傷尅，棄祖過房。太陽同，少和。天機同，重拜。天同同，或退祖。無刑，加羊陀火鈴空劫，父母不周全。

天相：廟旺，無刑。紫微同，無刑尅。廉貞同，亦刑。加羊陀火鈴空劫，早刑。

天梁：陷地，加羊陀火鈴，孤剋、棄祖、入贅、更名、寄人、養育、免刑。天同同，加四殺，有刑；無殺，無刑。天機同，無刑。太陽同，剋遲，加四殺空劫，亦剋早。

七殺：剋早，離祖，六親骨肉孤獨。武曲同，亦刑。廉貞同，刑早。紫微同，加吉星，無刑，加羊陀火鈴空劫，父母不周全。

破軍：剋早，離祖、更名、寄養免刑。武曲同，剋早。廉貞同，亦早剋。紫微同，無刑。

文昌：加吉星，入廟，無刑。加羊陀火鈴，有刑，或退祖，二姓延生。

文曲：獨守，入廟，無刑。加羊陀火鈴空劫，父母俱不周全。

左輔：獨守，無刑。廉貞同，早刑。加文昌，相生，無刑。加羊陀火鈴，刑傷、退祖、二姓延生。

右弼：獨守，無刑。加吉星，得父母庇蔭。見羊陀火鈴湊，離祖，二姓安居。

祿存：無剋。加羊陀火鈴空劫，早年有破父財，且刑傷中不自成家計。

擎羊：刑剋早。會日月，重重退祖。加吉星眾，免刑。

陀羅：幼年刑傷。會日月，重重退祖、二姓安居。加吉星，入贅、過房，或重拜、二姓延生。

火星：獨守、孤、剋，二姓延生。加吉星，平和。

鈴星：刑剋、孤單、二姓安居、重拜父母、入贅、過房。

第四章　六十花甲子納音五行

「六十花甲子納音五行」的理論，在五術的系統中，不僅僅適用在紫微斗數，其它的如山、醫、命、相、卜也都有應用到，因此特將其先行彙集整理介紹，以作為各位於研習的途徑上能有更多的資料可以相互應用。

眾所周知的天干與地支，我們可以將其視為化學理論中的「元素」，而「五行」則是代表著該元素的性質與活性，單獨天干或是地支有其單獨的性質與活性，而干支混合後也會有其混合後的性質與活性。在我們常用的干支混合體有很多如計算歲次庚寅年之屬、風水學中來的辛未龍之屬等，都有著其應用上的事實。

第一節 納音五行——土

壁上土：

1.在子宮及丑宮的土五局是為壁上土五局，其宮干是為庚子、辛丑。

2.古時候並無水泥，而黏住磚牆，鞏固棟樑，皆靠「壁上土」之作用，使屋牆不致倒塌，屋頂瓦片不致滲水，也可發揮禦寒、避暑之功能。

壁上土之意象：

1.壁壘分明，較常袒護「自己人」，是位理外分明之人。

2.不喜表現，默默行事，能謹守分寸，不爭功諉過，很難讓人瞭解其內心思維。

3.須有所依恃才能立足，依附之物強則強，如依恃之物弱，雖是盡忠職守，亦是弱勢。

城頭土：

1.在寅宮、卯宮的土五局是為城頭土五局，其宮干是為戊寅、己卯。

2.古時候之城鎮為求安全，易於防守，常依山傍水而建，以城外之山作為天然屏障，這據險之山便是城頭土。

城頭土之意象：

1.是具原則性之人，個性孤高不群。

2.能依規劃行事，或遵循介定之規範而不逾矩。

3.過於堅持及固執，故有成就大事之機會，或是孤芳自賞，於虛有形勢。

砂中土：

1.在辰宮與巳宮的土五局是為砂中土五局，其宮干為丙辰、丁巳。

2.像海邊、沙灘或河川旁沖積而成的沙洲，是屬於新生地，所以會有不同種類的新生命遷徙於此，也會有物競天擇的考驗，強者或弱勢等新的生活鏈也會產生，形勢變化多端。

砂中土之意象：

1.表面看來鬆散，而實際上卻是累積許多長輩們的智慧及經驗。

2.心情或處境常變化多端，好運之時，如同騰雲駕霧，運背之時，則像龍困淺灘。

3.暗示著經過一番奮鬥後，終能獲得圓滿結果。

路傍土：

1.在午宮、未宮的土五局是為路傍土，其宮干是為庚午、辛未。

2.熔岩冷卻，經過千萬年風吹雨打及風化後，土質形成，再經灌溉，便可以成為培養萬物的土壤，其養份厚足，後勁極強，草木果蔬等植物，一經移植此地，便能茂盛生長。

路傍土之意象：

1.經過逆境之衝擊，才能擁有順境時的斬獲。

2.在此坐命的人，大都心性質樸，潛力無窮，懂得藉用時間充實自己，則能待機而發，如一昧的蹉跎歲月，則是一片荒蕪。

3.路傍土五局坐命的人，有一種大器晚成之隱喻。

大驛土：

1.在申宮、酉宮之土五局是為大驛土五局，其宮干是為戊申、己酉。

2.大驛土是大地上一眼就能見到的「成熟」土，是能串聯各城鄉的道路，能承受高山峻嶺的土，載負著整個大海洋、湖泊的土。

大驛土之意象：

1.成熟、穩健、內歛、豁達。

2.具有乘山負海，運載萬物，而無怨之美德。

3.只要豁達開朗則能成就，如只是虛應而少了積極度，只僅成庸俗的劃地自限者。

屋上土：

1.在戌宮、亥宮的土五局是為屋上土五局，其宮干是為丙戌、丁亥。

2.可將屋上土與瓦片聯想在一齊，其過程是將特殊的土與水豁和，置於模具內，而以火燒烤，也就是經由一次「水火既濟」的作用力後而成型。

屋上土之意象：

1.其之成型是歷經了水火的鍛鍊，故有抵禦風雨霜雪之功，也能抵擋烈日高陽的熱氣，擬人化的屋上土則是具愛心，執著於崗位上，不屈不撓。

2.有強硬的外表，實則內心相當脆弱，如同瓦片不堪重擊。

3.土須經水火之歷練始能成器成材，所以屋上土五局之成功，往往是須歷經衝擊，水裡來火裡去才能蛻變。

第二節　納音五行──火

霹靂火：

1.在子宮、丑宮坐命的火六局是為霹靂火六局，其宮干是為戊子、己丑。

2.霹靂火在天是為閃電，所謂電光一閃號令九天，是突然發生的猛烈電光，那即是在子宮，戊子宮干的火六局；而己丑宮干在丑宮坐命的霹靂火又是什麼呢？那則是「地震」，因為宮位亦有陰陽之分。

霹靂火之意象：

1.來勢極強，威力十足，可說是震天撼地，可惜後勁不足。

2.霹靂火六局之人，思想敏捷，架勢十足，須藉由循環點燃之力，否則一擊不成，便可能一瀉千里，是曾有過閃耀的光芒，但不能長久。

爐中火：

1.在寅宮、卯宮的火六局是為爐中火六局，其宮干是為丙寅、丁卯。

2.寓意於大自然的爐中火，指的是旭日東昇的太陽，以寅、卯宮之木為柴薪所引燃的火，而狹隘的鑪中火，則指的是鍋爐中的火。

爐中火之意象：

1.是頗具熱心及熱忱之人。

2.胸襟大，事功亦大，心胸小，則成就亦小。

3.用心於正道則成就力極大，可成英雄人物；不務正業者，破壞力亦強，會成為問題人物。

覆燈火：

1.在辰宮、巳宮之火六局是為覆燈火六局，其宮干是為甲辰、乙巳。

2.如寓意於大自然，指是則是日月之光芒，以天為屋頂，日月是為高掛的燈火，以照耀大地。而小格局的覆燈火，則是指一般的燈盞，但能照耀日月所不能照明之處，是為人間燈火。

覆燈火之意象：

1.具光明磊落的個性，是熱心及熱忱之人，擁有燃燒自己，照亮別人之胸襟。

2.白天生的人：勇敢豪邁，志氣大、心胸大、有責任感，但喜出風頭，在過或不及之間常不能得宜的拿捏分寸！

夜間生的人：個性較為文靜，不喜表現，但有求必應，表現溫和，具有燃燒自己，照亮別人的雅量。

天上火：

1.在午宮、未宮的火六局是為天上火六局，其宮干為戊午、己未。

2.顧名思義，天上火是為太陽及月亮，也因為太陽及月亮，在我們視覺範圍內為最大、最亮、最顯眼的兩顆星球，所以戊午宮干的火六局，指的是太陽，在未宮、己未宮干的火六局，則是太陰（月亮）。

天上火之意象：

1.光明磊落、博愛、公正公允。

2.午宮之人：具有博愛心念，公正，但常會不思及被作用力對方之感受及接受程度。

3.未宮之人：陰柔、和善，具有被動式的愛心，但少一份熱忱，情緒起伏則如同月亮之週期性圓缺明暗。

山下火：

1.在申宮、酉宮之火六局為山下火六局，其宮干是為丙申、丁酉。

2.山下火是為日落西山之餘暉，其光芒逐漸的減弱，有韜隱之趨勢，力道雖欠缺，卻不熾熱，是有一種寧靜的華麗感。

山下火之意象：

1.易遭逢不濟之時運，像籃球選手的姿勢很美，但難能進分。

2.有點像是強弩之末或過氣之人、事、物，像是外強中乾，也有虛有其表之隱寓。

3.如能知所進退，及自我權衡本身實力，則不致流於好高騖遠之遺憾中！

山頭火：

1.在戌宮、亥宮之火六局是為山頭火六局，其宮干是為甲戌、乙亥。

2.一指日已歸西之落日餘暉，雖不見太陽，但仍可見到的漫天彩霞；一指遠山延燒之山林大火之火光，但以天邊餘暉較符合山頭火之本意。

山頭火之意象：

1.內心雖然明朗，但外在環境則是一片隱晦、黑暗，須要的是自我心性調適及豁達度，才能免除猜忌及怨世嫉俗之怨歎中。

2.曾有過激烈、衝動、熾熱，但終究仍將歸於平靜，其人能將經驗轉化成智慧及修養，行得正則為機智型，歪曲之人，則會淪為奸詐之徒。

第三節　納音五行——水

澗下水：

1.是相當湍急的地下水，有定性而無定向，水往下流是定性，而地下水一會兒朝東，一會兒朝西，是無定向的，但一定是從高往低處流。

2.澗下水二局只會出現在子宮及丑宮，所以命宮在子及丑宮的水二局一定是

「澗下水二局」。

澗下水之意象：

1.好惡心強烈。

2.個性急切、激烈。

3.對於其所專長能作極度的發揮。

4很難有放眼天下之胸懷或渾厚的氣概。

5易作不平之鳴，敢向現實挑戰，也會向現實低頭，個性上常見難以捉摸。

大溪水：

1.湍急的溪水，一般皆位於河流的上游，在山澗河道裡流竄，因為溪谷的落差大，所以水勢強勁，常會有驚濤駭浪、水花四濺的現象，當然溪流的沿途並非全部那般的險厄，也會有倒影千山之時，但其雄偉程度卻是涵光萬里。因大溪水之形成乃是山嶺上角之雨水匯集而成，有可能是集結涓滴之水，或強勢的水流百水交集而匯成溪水。

2.大溪水二局只會出現在寅宮及卯宮。

大溪水之意象：

1.急切型，不會矜持己見，而是能夠吸收他人的知識、見解、建議而創造出有利於自己的恢宏形勢。

2.因為有乾枯或水勢強勁之不同季節，所以運強之時，則能改變河道，其人生的變化角度也大；枯水期則往往是空有其名而無其實。

3.是一種由上往下的定向流動，是原則性的表現，也是具有得理不饒人的特質。

長流水：

是指源遠流長的水，綿延不竭，縱遇枯水期，因河道已成，就無患沒有滔滔不絕之水，在行運上則意指一生會有旺起弱跌的運途多次。

長流水之意象：

1.在辰、巳宮坐命的水二局，則是長流水二局，其宮干為壬辰、癸巳。

疵。

2.在此坐命之人有漂泊、遠離家鄉之象。

3.感情細綿流長，故不免因情勢所逼而有斷截之情況。

4會有不切實際，為著未來而犧牲現在之遺憾，或打高空而缺乏務實度之瑕疵。

5因行事風格或因環境變遷，往往會將自己的「來」時路斷截掉，以至於僅存滿懷的怨歎，而無法回頭。

天河水：

顧名思義即是天上的雨水，水從火出，從火旺之地、水蒸氣才能快速形成雲層，在午、未之地乃南方火地，雨水多，則是大自然現象。

天河水之意象：

1.在午宮、未宮的水二局是為天河水。

2.有久旱甘霖的雨水，有大雨成災的雨水，有熱雷雨、暴風雨、春雨，在象意的聯想上，則是在此宮位坐命之人，具博愛及公允性，講求的是公平對待。

3.在乎給而無視對方是否需要，克應在實質生活上，則常會：
①弄巧成拙。
②雖很努力，但於事無補。
③公事公辦，但也有雪中送炭之義舉。
④只講求形式，而不思考，因情勢需要而作調整的方法。

井泉水：

它是清涼明潔的泉水，讓人有取之不盡、用之不竭的聯想。

井泉水之意象：

1.在申宮、酉宮的水二局則是井泉水二局，其宮干是為甲申、乙酉。
2.泉水之來源也許來自澗下水，或從地面上滲透而下的水，或是伏流於地底下匯集而湧出的水。
3.心思度量高深難測，難以捉摸出其思緒之源頭。
4行事風格上較屬被動，待人處世較有分寸，當我們取用井泉水時，要多少才給多少，不要索時，則不強給，是具有有求必應的特質，所以其人也可說是相當熱心之人。

大海水：

它是總納百川，聚集各種水源而成的汪洋大水。

大海水之意象：

1.命宮在戌宮、亥宮的水二局是為大海水二局，其宮干是為壬戌及癸亥。

2.能載舟覆舟，是一覽無遺的天涯水，也可成為吞噬萬物的海嘯巨浪。

3.在此坐命的人，其人生變化起伏大、格局大，可成為英雄豪傑，是大惡大善、大忠大奸、大福大禍之人的坐命宮位，其具有成就大格局的條件！

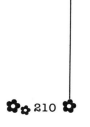

第四節　納音五行——金

海中金：

1.在子宮及丑宮的金四局為海中金四局，其宮干是為甲子及乙丑。

2.顧名思義，大海中之金相對於浩瀚的大海是何等渺小，是可能潛藏在大海裡的某個小山溝裡，像是有名無形的物質，須要被挖掘才能現形。

3.也能以蚌腹中之明珠來作比擬，是寶貝，但須要的是有心人的發覺及提攜。

海中金之意象：

1.是沉得住氣的人。

2.秉賦質優，但有被動的傾向，須藉助外力之助，才能展現實力。

3.心機深藏，不管一生之中是否能巧遇伯樂，通常總是難以展現其真實的內在。

4精神容易疲弱，乃因為金生水，水又多，為脫穎而出，總須絞盡腦力及體力。

金箔金：

1.在寅宮、卯宮之金四局為金箔金四局，其宮干為壬寅、癸卯。

2.金箔金乃是薄如紙的金箔，通常是用來作為佛像或其他器物的裝飾用，又稱為貼金。

金箔金之意象：

1.可塑性高，可經由磨練而適應於各種職場。

2.個性柔順，自我意識不高。

3.有趨炎附勢的傾向，具攀附及潤飾特質，以增加自己的光彩及名望。

白鑞金：

1.在辰宮、巳宮之金四局為白鑞金四局，其宮干為庚辰及辛巳。

2.白鑞金為礦脈中之金屬，或經過初步提煉之金屬，如鉛錫等用於焊接用之金屬，或類似鑄鐵之類，有待再進一步鍛鍊之原金。

白鑞金之意象：

1.樸素、純真、爽朗、少一些定性。

2.行事風格不精緻、不細膩。

3.個性清明不虛偽，雖聰明，但尚待磨練。

砂中金：

1.在午宮、未宮的金四局，稱之為砂中金，其宮干是為甲午、乙未。

2.砂中金顧名思義是指砂與金的混合，也是未經提煉的金砂，尚須經過篩選、淘汰沙質才能成為純金砂，金砂經過提煉後，才能成器而為所用。

砂中金之意象：

1.須經提煉、磨練才能成器、成材之人，也是會遭遇挫折、困頓，才能有所成就。

2.個性上有虎頭蛇尾、含糊不清或心有餘而力不足之憾。

劍鋒金：

1.在申宮、酉宮的金四局稱之為劍鋒金四局，其宮干是為壬申、癸酉。

2.在六種金四局中，劍鋒金最為犀利，鋒芒畢露，是屬於利劍之鋒，所以是須經過千錘百鍊的人。

劍鋒金之意象：

1.才能卓越，有自我突破，自創局面之本事。

2.行事果斷、剛毅、志向大，有太過激進或急切之個性。

3.能能人所不能，所以一般能成為專業人才或技術人才，自我磨練愈深愈多，專業素養則能更專精。

釵釧金：

1.在戌宮、亥宮的金四局是為釵釧金四局，其宮干是為庚戌、辛亥。

2.釵釧金是為金飾，缺乏原來金質之廣泛用途，而成為附麗、裝飾上之飾品；釵用來簪髮用，釧則是臂環、手環之類。

釵釧金之意象：

1.屬於文靜型，長相不錯，個性柔順，較不活潑。

2.容易將自己定型於某種特定的 style 中，才智之使用常集中於附麗於他人，少能開創新局或拓展自我。

3.虛榮心強，也較具功利心。

第五節　納音五行——木

桑柘木：

1.在子宮、丑宮的木三局是其宮干是為壬子及癸丑。

2.桑葉可飼蠶，柘樹皮是為黃色染料柘黃的原料，柘樹其質堅韌，為古時製弓之材料。

桑柘木之意象：

1.具被動性的熱心，有求才回應，但往往失之固執而非擇善。

2.會竭盡心力於所熱衷之事務上。

3.只要心悅誠服，則會忠於指示的完成使命。

松柏木：

1.在寅宮、卯宮的木三局是為松柏木三局，其宮干是為庚寅、辛卯。

2.松柏之特質乃無畏懼艱困的環境，即使是冰雪風寒的天候季節，則愈能顯現其堅貞生旺之氣機。

松柏木之意象：

1.具有愈艱苦、愈堅貞、愈險、愈沉著、愈挫愈勇的特質。

2.律己嚴明，但能寬以待人，耐受力強。

3.有過度的自尊心，所以自卑感亦嚴重。

大林木：

1.為山野森林之木，能依山勢溝壑起伏而生長，枝幹歷經強風暴雨雖撼動，但不減其屹立之威勢。

2.森林之木棵棵巨大，喻為具凌雲之志，也有蔽日之功。

大林木之意象：

1.精神力旺盛、隨和，不喜特立孤行。

2.心無旁騖，心志高，遇處境不順之時也不損其鴻鵠之志。

3.過於隨俗，故不免流於人云亦云的從勢而為，而失去自我。

楊柳木：

1.在午宮、未宮的木三局為楊柳木三局，其宮干為壬午及癸未。

2.楊柳木柔而低垂，迎風婀娜多姿，輕盈搖曳，狀似柔弱不禁風，實則質韌，不易斷折。

楊柳木之意象：

1.個性柔和而非脆弱，實則耐受力強，具彈性及韌性。

2.外表柔和謙恭，則心思縝密，隨風而動意表多情，常因環境之流轉而牽動感情之變化，易受外在因素而更換抉擇。

石榴木：

1.在申宮、酉宮之木三局為石榴木三局，其宮干是為庚申、辛酉。

2.在庚申、辛酉之地所生長之木，其木質異於常木，也唯有石榴木具有與「金」屬性一般的辛性，意味著如同強金一般的堅硬，能耐刀斧砍伐，能在艱困的環境中生長。

石榴木之意象：

1.表面平實，內心則常操煩。

2.常會堅持己見，難以溝通。

3.能經得起考驗，個性倔強且陽剛。

平地木：

1.在戌宮、亥宮之木三局為平地木，其宮干為戊戌、己亥。

2.是在不錯的環境土質下生長之木，本身的資質好，如好好的栽培，則能成為屋木的棟樑之材，但如果遇著惡劣的天候，則容易遭受摧殘。

平地木之意象：

1.有才華、有智慧，但在未完全準備好之前，則會深藏才識，不輕易外露。

2.須循序漸進，才能嶄露頭角；在受重視或受人肯定之前，須特別的呵護及敦促才能成器成材。

第五章　斗數星曜安佈彙整速查表

一、起紫微星速查表

生日＼五行局	水二局	木三局	金四局	土五局	火六局
初一	丑	辰	亥	午	酉
初二	寅	丑	辰	亥	午
初三	寅	寅	丑	辰	亥
初四	卯	巳	寅	丑	辰
初五	卯	寅	子	寅	丑
初六	辰	卯	巳	未	寅
初七	辰	午	寅	子	戌
初八	巳	卯	卯	巳	未
初九	巳	辰	丑	寅	子
初十	午	未	午	卯	巳
十一	午	辰	卯	申	寅
十二	未	巳	辰	丑	卯
十三	未	申	寅	午	亥
十四	申	巳	未	卯	申
十五	申	午	辰	辰	丑
十六	酉	酉	巳	酉	午
十七	酉	午	卯	寅	卯
十八	戌	未	申	未	辰
十九	戌	戌	巳	辰	子
二十	亥	未	午	巳	酉
廿一	亥	申	辰	戌	寅
廿二	子	亥	酉	卯	未
廿三	子	申	午	申	辰
廿四	丑	酉	未	巳	巳
廿五	丑	子	巳	午	丑
廿六	寅	酉	戌	亥	戌
廿七	寅	戌	未	辰	卯
廿八	卯	丑	申	酉	申
廿九	卯	戌	午	午	巳
三十	辰	亥	亥	未	午

二、紫微星系諸星安佈速查表

星級 / 諸星 / 紫微宮位	甲				
	天機	太陽	武曲	天同	廉貞
子	亥	酉	申	未	辰
丑	子	戌	酉	申	巳
寅	丑	亥	戌	酉	午
卯	寅	子	亥	戌	未
辰	卯	丑	子	亥	申
巳	辰	寅	丑	子	酉
午	巳	卯	寅	丑	戌
未	午	辰	卯	寅	亥
申	未	巳	辰	卯	子
酉	申	午	巳	辰	丑
戌	酉	未	午	巳	寅
亥	戌	申	未	午	卯

口訣：「紫微天機送行旁，隔一陽武天同當；又隔二位廉貞地，空三復見紫微郎。」

三、天府星系諸星安佈速查表

星級／曜星／紫微星	甲							
	天府	太陰	貪狼	巨門	天相	天梁	七殺	破軍
子	辰	巳	午	未	申	酉	戌	寅
丑	卯	辰	巳	午	未	申	酉	丑
寅	寅	卯	辰	巳	午	未	申	子
卯	丑	寅	卯	辰	巳	午	未	亥
辰	子	丑	寅	卯	辰	巳	午	戌
巳	亥	子	丑	寅	卯	辰	巳	酉
午	戌	亥	子	丑	寅	卯	辰	申
未	酉	戌	亥	子	丑	寅	卯	未
申	申	酉	戌	亥	子	丑	寅	午
酉	未	申	酉	戌	亥	子	丑	巳
戌	午	未	申	酉	戌	亥	子	辰
亥	巳	午	未	申	酉	戌	亥	卯

口訣：「天府太陰再貪狼，巨門天相順天梁；七殺空三破軍位，隔宮遙望天府鄉。」

四、生年干系諸星安佈速查表

星級	甲			甲						乙	
諸星／生年干	祿存	擎羊	陀羅	天魁	天鉞	化祿	化權	化科	化忌	天官	天福
甲	寅	卯	丑	丑	未	廉貞	破軍	武曲	太陽	未	酉
乙	卯	辰	寅	子	申	天機	天梁	紫微	太陰	辰	申
丙	巳	午	辰	亥	酉	天同	天機	文昌	廉貞	巳	子
丁	午	未	巳	亥	酉	太陰	天同	天機	巨門	寅	亥
戊	巳	午	辰	丑	未	貪狼	太陰	右弼	天機	卯	卯
己	午	未	巳	子	申	武曲	貪狼	天梁	文曲	酉	寅
庚	申	酉	未	丑	未	太陽	武曲	天府	天相	亥	午
辛	酉	戌	申	寅	午	巨門	太陽	文曲	文昌	酉	巳
壬	亥	子	戌	卯	巳	天梁	紫微	左輔	武曲	戌	午
癸	子	丑	亥	卯	巳	破軍	巨門	太陰	貪狼	午	巳

五、生年支系諸星安佈速查表

生年支＼諸星	天哭	天虛	龍池	鳳閣	紅鸞	天喜	孤辰	寡宿	蜚廉	破碎	天才	天壽
星級	乙		乙		乙		乙		乙		乙	
子	午	午	辰	戌	卯	酉	寅	戌	申	巳	命宮	由身宮起子順行，數至本生年支即安之。
丑	巳	未	巳	酉	寅	申	寅	戌	酉	丑	父母	
寅	辰	申	午	申	丑	未	巳	丑	戌	酉	福德	
卯	卯	酉	未	未	子	午	巳	丑	巳	巳	田宅	
辰	寅	戌	申	午	亥	巳	巳	丑	午	丑	官祿	
巳	丑	亥	酉	巳	戌	辰	申	辰	未	酉	僕役	
午	子	子	戌	辰	酉	卯	申	辰	寅	巳	遷移	
未	亥	丑	亥	卯	申	寅	申	辰	卯	丑	疾厄	
申	戌	寅	子	寅	未	丑	亥	未	辰	酉	財帛	
酉	酉	卯	丑	丑	午	子	亥	未	亥	巳	子女	
戌	申	辰	寅	子	巳	亥	亥	未	子	丑	夫妻	
亥	未	巳	卯	亥	辰	戌	寅	戌	丑	酉	兄弟	

六、生月系諸星安佈速查表

諸星＼本生月	左輔	右弼	天刑	天姚	天馬	解神	天巫	天月	陰煞
星級	甲		乙		乙		乙		乙
正月	辰	戌	酉	丑	申	申	巳	戌	寅
二月	巳	酉	戌	寅	巳	申	申	巳	子
三月	午	申	亥	卯	寅	戌	寅	辰	戌
四月	未	未	子	辰	亥	戌	亥	寅	申
五月	申	午	丑	巳	申	子	巳	未	午
六月	酉	巳	寅	午	巳	子	申	卯	辰
七月	戌	辰	卯	未	寅	寅	寅	亥	寅
八月	亥	卯	辰	申	亥	寅	亥	未	子
九月	子	寅	巳	酉	申	辰	巳	寅	戌
十月	丑	丑	午	戌	巳	辰	申	午	申
十一月	寅	子	未	亥	寅	午	寅	戌	午
十二月	卯	亥	申	子	亥	午	亥	寅	辰

七、生日系諸星安佈速查表

星級	星名	安佈方法
乙	三臺	從左輔上起初一，順行數至本生日止安之。
	八座	從右弼上起初一，逆行數至本生日止安之。
乙	恩光	從文昌上起初一，順行數至本生日再退一宮安之。
	天貴	從文曲上起初一，順行數至本生日再退一宮安之。

八、生時系諸星安佈速查表

乙		乙		甲								甲		級星
				亥卯未		巳酉丑		申子辰		寅午戌				生年支
封誥	臺輔	地空	地劫	鈴星	火星	鈴星	火星	鈴星	火星	鈴星	火星	文曲	文昌	諸星／生時
寅	午	亥	亥	戌	酉	戌	卯	戌	寅	卯	丑	辰	戌	子
卯	未	戌	子	亥	戌	亥	辰	亥	卯	辰	寅	巳	酉	丑
辰	申	酉	丑	子	亥	子	巳	子	辰	巳	卯	午	申	寅
巳	酉	申	寅	丑	子	丑	午	丑	巳	午	辰	未	未	卯
午	戌	未	卯	寅	丑	寅	未	寅	午	未	巳	申	午	辰
未	亥	午	辰	卯	寅	卯	申	卯	未	申	午	酉	巳	巳
申	子	巳	巳	辰	卯	辰	酉	辰	申	酉	未	戌	辰	午
酉	丑	辰	午	巳	辰	巳	戌	巳	酉	戌	申	亥	卯	未
戌	寅	卯	未	午	巳	午	亥	午	戌	亥	酉	子	寅	申
亥	卯	寅	申	未	午	未	子	未	亥	子	戌	丑	丑	酉
子	辰	丑	酉	申	未	申	丑	申	子	丑	亥	寅	子	戌
丑	巳	子	戌	酉	申	酉	寅	酉	丑	寅	子	卯	亥	亥

九、安截空星速查表

生年干	截空
星級	丙
甲	申
乙	酉
丙	午
丁	未
戊	辰
己	巳
庚	寅
辛	卯
壬	子
癸	丑

十、安旬空星速查表

生年干 \ 生年支	戌、亥	申、酉	午、未	辰、巳	寅、卯	子、丑
星級	丙					
甲	子	戌	申	午	辰	寅
乙	丑	亥	酉	未	巳	卯
丙	寅	子	戌	申	午	辰
丁	卯	丑	亥	酉	未	巳
戊	辰	寅	子	戌	申	午
己	巳	卯	丑	亥	酉	未
庚	午	辰	寅	子	戌	申
辛	未	巳	卯	丑	亥	酉
壬	申	午	辰	寅	子	戌
癸	酉	未	巳	卯	丑	亥

十一、安天殤星、天使星速查表

星級	丙	
命宮＼星名	天殤	天使
子	巳	未
丑	午	申
寅	未	酉
卯	申	戌
辰	酉	亥
巳	戌	子
午	亥	丑
未	子	寅
申	丑	卯
酉	寅	辰
戌	卯	巳
亥	辰	午

〔註〕天殤恆居於僕役宮；天使恆居於疾厄宮。

十二、安命主星速查表

命宮＼星名	命主
子	貪狼
丑	巨門
寅	祿存
卯	文曲
辰	廉貞
巳	武曲
午	破軍
未	武曲
申	廉貞
酉	文曲
戌	祿存
亥	巨門

十三、安身主星速查表

命宮＼星名	命主
子	火星
丑	天相
寅	天梁
卯	天同
辰	文昌
巳	天機
午	火(鈴)星
未	天相
申	天梁
酉	天同
戌	文昌
亥	天機

十四、起大限速查表

五行局	陰陽男女 ＼ 歲限 ＼ 大限宮位	命宮	兄弟	夫妻	子女	財帛	疾厄	遷移	僕役	官祿	田宅	福德	父母
水二局	陽男 陰女	2-11	112-121	102-111	92-101	82-91	72-81	62-71	52-61	42-51	32-41	12-31	12-12
水二局	陰男 陽女	2-11	12-21	22-31	32-41	42-51	52-61	62-71	72-81	82-91	92-101	102-111	112-121
木三局	陽男 陰女	3-12	113-122	103-112	93-102	83-92	73-82	63-72	53-62	43-52	33-42	23-32	13-22
木三局	陰男 陽女	3-12	13-22	23-32	33-42	43-52	53-62	63-72	73-82	83-92	93-102	103-112	113-122
金四局	陽男 陰女	4-13	114-123	104-113	94-103	84-93	74-83	64-73	54-63	44-53	34-43	24-33	14-23
金四局	陰男 陽女	4-13	14-23	24-33	34-43	44-53	54-63	64-73	74-83	84-93	94-103	104-113	114-123
土五局	陽男 陰女	5-14	115-124	105-114	95-104	85-94	75-84	65-74	55-64	45-54	35-44	25-34	15-24
土五局	陰男 陽女	5-14	15-24	25-34	35-44	45-54	55-64	65-74	75-84	85-94	95-104	105-114	115-124
火六局	陽男 陰女	6-15	116-125	106-115	96-105	86-95	76-85	66-75	56-65	46-55	36-45	26-35	16-25
火六局	陰男 陽女	6-15	16-25	26-35	36-45	46-55	56-65	66-75	76-85	86-95	96-105	106-115	116-125

十五、起小限速查表

12	11	10	9	8	7	6	5	4	3	2	1	小限歲數	
24	23	22	21	20	19	18	17	16	15	14	13		
36	35	34	33	32	31	30	29	28	27	26	25		
48	47	46	45	44	43	42	41	40	39	38	37		
60	59	58	57	56	55	54	53	52	51	50	49		
72	71	70	69	68	67	66	65	64	63	62	61	小歲值宮	
84	83	82	81	80	79	78	77	76	75	74	73		
96	95	94	93	92	91	90	89	88	87	86	85		
108	107	106	105	104	103	102	101	100	99	98	97		生年支
120	119	118	117	116	115	114	113	112	111	110	109		
卯	寅	丑	子	亥	戌	酉	申	未	午	巳	辰	男	寅午戌
巳	午	未	申	酉	戌	亥	子	丑	寅	卯	辰	女	
酉	申	未	午	巳	辰	卯	寅	丑	子	亥	戌	男	申子辰
亥	子	丑	寅	卯	辰	巳	午	未	申	酉	戌	女	
午	巳	辰	卯	寅	丑	子	亥	戌	酉	申	未	男	巳酉丑
申	酉	戌	亥	子	丑	寅	卯	辰	巳	午	未	女	
子	亥	戌	酉	申	未	午	巳	辰	卯	庚	丑	男	亥卯未
寅	卯	辰	巳	午	未	申	酉	戌	亥	子	丑	女	

十六、流年歲前諸星安佈速查表

星級	丁	戊	戊	戊	戊	戊	戊	丁	戊	丁	戊	戊
流年支＼諸星	歲建	晦氣	喪門	貫索	官符	小耗	大耗	龍德	白虎	天德	弔客	病符
子	子	丑	寅	卯	辰	巳	午	未	申	酉	戌	亥
丑	丑	寅	卯	辰	巳	午	未	申	酉	戌	亥	子
寅	寅	卯	辰	巳	午	未	申	酉	戌	亥	子	丑
卯	卯	辰	巳	午	未	申	酉	戌	亥	子	丑	寅
辰	辰	巳	午	未	申	酉	戌	亥	子	丑	寅	卯
巳	巳	午	未	申	酉	戌	亥	子	丑	寅	卯	辰
午	午	未	申	酉	戌	亥	子	丑	寅	卯	辰	巳
未	未	申	酉	戌	亥	子	丑	寅	卯	辰	巳	午
申	申	酉	戌	亥	子	丑	寅	卯	辰	巳	午	未
酉	酉	戌	亥	子	丑	寅	卯	辰	巳	午	未	申
戌	戌	亥	子	丑	寅	卯	辰	巳	午	未	申	酉
亥	亥	子	丑	寅	卯	辰	巳	午	未	申	酉	戌

十七、流年將前諸星安佈速查表

星級	丁	丁	丁	戊	丁	戊	戊	戊	戊	戊	戊	戊
流年支＼諸星	將星	攀鞍	歲驛	息神	華蓋	劫煞	災煞	天煞	指背	咸池	月煞	亡神
寅午戌	午	未	申	酉	戌	亥	子	丑	寅	卯	辰	巳
申子	子	丑	寅	卯	辰	巳	午	未	申	酉	戌	亥
巳酉丑	酉	戌	亥	子	丑	寅	卯	辰	巳	午	未	申
亥卯未	卯	辰	巳	午	未	申	酉	戌	亥	子	丑	寅

註：對於這些戊、丁級的弱勢星曜，各位千萬不能輕忽之，所謂的「小兵立大功」，就經常會出現在這些星曜上，尤其是在論斷流日盤、流時盤更見一斑。

十八、流年斗君速查表

生時＼生月	正月	二月	三月	四月	五月	六月	七月	八月	九月	十月	十一月	十二月
子	子	亥	戌	酉	申	未	午	巳	辰	卯	寅	丑
丑	丑	子	亥	戌	酉	申	未	午	巳	辰	卯	寅
寅	寅	丑	子	亥	戌	酉	申	未	午	巳	辰	卯
卯	卯	寅	丑	子	亥	戌	酉	申	未	午	巳	辰
辰	辰	卯	寅	丑	子	亥	戌	酉	申	未	午	巳
巳	巳	辰	卯	寅	丑	子	亥	戌	酉	申	未	午
午	午	巳	辰	卯	寅	丑	子	亥	戌	酉	申	未
未	未	午	巳	辰	卯	寅	丑	子	亥	戌	酉	申
申	申	未	午	巳	辰	卯	寅	丑	子	亥	戌	酉
酉	酉	申	未	午	巳	辰	卯	寅	丑	子	亥	戌
戌	戌	酉	申	未	午	巳	辰	卯	寅	丑	子	亥
亥	亥	戌	酉	申	未	午	巳	辰	卯	寅	丑	子

十九、安長生十二星速查表

五行局	生年別＼十二長生星名	長生	沐浴	冠帶	臨官	帝旺	衰	病	死	墓	絕	胎	養
水二局	陽男 陰女	申	酉	戌	亥	子	丑	寅	卯	辰	巳	午	未
	陰男 陽女		未	午	巳	辰	卯	寅	丑	子	亥	戌	酉
木三局	陽男 陰女	亥	子	丑	寅	卯	辰	巳	午	未	申	酉	戌
	陰男 陽女		戌	酉	申	未	午	巳	辰	卯	寅	丑	子
金四局	陽男 陰女	巳	午	宋	申	酉	戌	亥	子	丑	寅	卯	辰
	陰男 陽女		辰	卯	寅	丑	子	亥	戌	酉	申	未	午
土五局	陽男 陰女	申	酉	戌	亥	子	丑	寅	卯	辰	巳	午	未
	陰男 陽女		未	午	巳	辰	卯	寅	丑	子	亥	戌	酉
火六局	陽男 陰女	寅	卯	辰	巳	午	未	申	酉	戌	亥	子	丑
	陰男 陽女		丑	子	亥	戌	酉	申	未	午	巳	辰	卯

二十、北斗星系彙整表

北斗星系

紫微

中天尊星
五行屬土
南北斗化帝座

正星

武曲	第六星、五行屬金、司財帛
文曲	第四星、五行屬水、主科甲
巨門	第二星、五行屬水、化氣曰暗
貪狼	第一星、五行屬水木、化桃花、殺
祿存	第三星、五行屬土、司爵貴壽
廉貞	第五星、五行屬火、化殺囚
破軍	第七星、五行屬水、化氣曰耗

助星

擎羊	北斗浮星、五行屬金、化刑
左輔	中天助星、五行屬土、輔佐帝極
右弼	中天助星、五行屬土水、輔佐帝極
陀羅	北斗助星、五行屬金、化忌

二十一、南斗星系彙整表

南斗星系

天府

第一星
五行屬土
主令司福權

正星

七殺

第六星
五行屬金
南斗將星

天同

第四星
五行屬水
益算化福保生

天梁

第二星
五行屬土
化蔭為福壽

天機

第三星
五行屬木
益算化善

天相

第五星
五行屬水
化氣曰印

助星

鈴星

南斗助星
五行屬火
南斗從神

天鉞

中天助星
五行屬火
司科之星
和合之神

天魁

中天助星
五行屬火
司科之星
和合之神

火星

南斗浮星
五行屬火
南斗殺神

二十二、中天吉曜彙整表

中天吉曜

太陽	為日　火之精　化貴　父星
紫微	中天尊星　五行屬土　造化之表儀　紫微之分司
太陰	為月　水之精　化富　母星
文昌	中天科星　五行屬金　文魁之首
化祿	福德之神　五行屬土　喜見祿存
化權	掌判生殺　五行屬火　喜會巨武
化科	主掌文墨　五行屬水　喜會魁鉞
天馬	上界驛馬　五行屬火　主動
天喜	喜慶之神　五行屬水　主喜慶
天才	五行屬木　主才華
天壽	五行屬土　主有壽
臺輔	五行屬土　主貴
封誥	五行屬土　主貴
恩光	五行屬火　主恩寵
天貴	五行屬土　主貴
天官	五行屬土　主貴顯
天福	五行屬土　主爵祿
三臺	五行屬土　主貴
八座	五行屬土　主貴
龍池	五行屬水　主科甲
鳳閣	五行屬土　主科甲

二十三、中天凶曜彙整表

中天凶曜

地劫
劫殺之神
五行屬火
主災疾

地空
空亡之神
五行屬火
斷橋

空中殺
晦氣
主咎

天使
傳使之神
五行屬火
人忌

天殤
虛耗之神
五行屬火
天耗

天虛
虛花之神
五行屬火
作事無成

天哭
刑剋之神
五行屬金
喪吊哭泣

化忌
多管之神
五行屬水
忌會六凶

天姚
玄媪
五行屬水
主桃花

天刑
五行屬火
主孤刑

空亡
地空地劫天空
旬中空亡
截路空亡

華蓋
破耗之神
五行屬木
主孤高

寡宿
過角之辰
五行屬火
主寡

孤辰
過角之神
五行屬火
主孤

劫煞
暴敗之神
五行屬火
主煞

二十四、紫微命盤格式範例

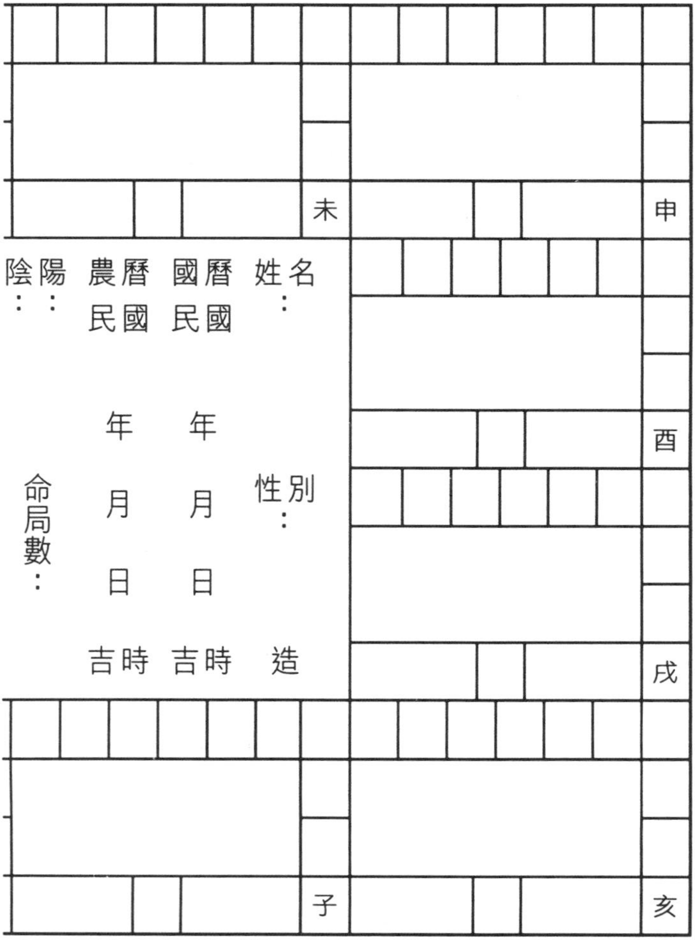

註：所附之命盤格式範例，只是筆者自己所用的，各位讀者可逕自設計屬於自己的命盤格式。

巳　午

流年斗君：　命宮納音：　生年納音：

辰

身主：　命主：　身宮：　命宮：

卯

於　　年　　月　　日批

寅　丑

附錄參考資料：

壹、牌匾上十二月俗名

中國曆法之記載文獻上，有周以子為正月，有商以丑為正月，也有夏以寅為正月的紛亂不已，直到漢武帝改正朔恢復夏曆，方有傳至現代的以寅為正月、卯為二月、辰為三月、巳為四月、午為五月、未為六月、申為七月、酉為八月、戌為九月、亥為十月、子為十一月、丑為十二月，以十二地支代命十二月份之名稱，這就是為何中國曆法亦稱為「建寅曆」之由來。

前述十二月份用十二地支來替代是屬正統的傳承，至於民間也有用另外的稱呼來替代十二月份的，那就是以端、花、桐、梅、蒲、荔、瓜、桂、菊、陽、葭、臘等十二字來替代十二月份之名。

在台灣，大家用國曆看日子慣了，尤其是年輕一輩的族群，對於「陰曆」，甚至還有很多人不知是啥東東，更遑論知道這「十二月份之俗名」了。筆者不才，再加上經常碰到有學員問起這個問題，所以乾脆將以往收集的相關資料整理，將此農曆十二月份的替代名稱摘要簡述，以提供大家閒聊時之話題參考。

•端月：

端者，事物之肇始也。《左傳》載曰：「先王之正時也，履端于始，居正於中，歸餘于終；履端于始，序則不愆；居正於中，民則不惑；歸餘于終，事則不悖。」（履端：即正月初一之意）再者，秦始皇名政，而正月之正與其同音，故避諱之。

•花月：

一年之中仲春二月是為花事最為盛開燦爛之時，如唐朝以二月十五日為花朝，洛陽風俗以二月二日為花朝，陶朱公書以二月十二日為花朝，「誠齋詩話」亦以二月十二日為花朝。花朝又稱花節，亦有百花生日之俗稱，古之江南、四川也將此日視作踏青日；至今民間習俗很多是以二月十二日為比賽花魁之日，而十五日定為花朝節。

●桐月：

《呂氏春秋》載曰：「春之得意，風不信，即其花不成。乃知花信風者，風應花期，其來有信也。」另《書肆說鈴》曰：「花信風自小寒起至穀雨，合八氣，得四個月；每氣管十五日，每五日一候，計八氣，分得二十四候，每候以一花之風信應之。」

《淮南子》●時則訊載曰：「仲春之月，……桃李始華。」又曰：「季春之月，招搖指辰……桐始華。」驚蟄一候為桃花，故二月稱為花月；清明一候為桐花，故三月為桐月。

補充資料：

●古之八氣、二十四候之花風信：

立春：一候迎春、二候櫻桃、三候望春。

雨水：一候菜花、二候杏花、三候李花。

驚蟄：一候桃花、二候棣棠、三候薔薇。

春分：一候海棠、二候梨花、三候木蘭。

清明：一候桐花、二候麥花、三候柳花。
穀雨：一候牡丹、二候酴醾、三候楝花。
小寒：一候梅花、二候山茶、三候水仙。
大寒：一候端香、二候蘭花、三候山礬。

•名詞解釋：

十二節：為每一個月的開始。
立春、驚蟄、清明、立夏、芒種、小暑、立秋、白露、寒露、立冬、大雪、小寒。

十二氣：亦稱中氣。
雨水、春分、穀雨、小滿、夏至、大暑、處暑、秋分、霜降、小雪、冬至、大寒。

四立：立春、立夏、立秋、立冬。
二至：夏至、冬至。
二分：春分、秋分。

《協紀辨方》載曰：「立春艮，雨水寅，驚蟄甲，春分震，清明乙，穀雨辰，立夏巽，小滿巳，芒種丙，夏至離，小暑丁，大暑未，立秋坤，處暑申，白露庚，秋分兌，寒露辛，霜降戌，立冬乾，小雪亥，大雪壬，冬至坎，小寒癸，大寒丑；四立、二分、二至，正應八卦，是為八節。」

●梅月：

中國閩地、東南沿海一帶，四月是梅子成熟之時。《歲時纂要》載曰：「閩人以立夏後逢庚日為——入梅，芒種後逢壬日為——出梅；即四月節後的第一個庚日起，至五月節後的第一個壬日前為——梅月。」儘管如此，但因為各地氣候的差異，以四月為梅月之說，應該是出自東南沿海福建省。「節後名，初夏時，東南濱海之地，因季候風方向由西北改為東南，水蒸氣多而地面尚冷，故常濕潤多雨。適當梅熟之候，俗因稱其時曰梅。」

●蒲月：

蒲為菖蒲，民間習俗於農曆五月五日端午節時，將菖蒲葉懸於門上作為辟邪之用，因此之故而將此月稱之為蒲月。幼童教材《瓊林故事》載曰：「端午節為浦節。」附註云：「端午日正午時，切菖蒲以泛酒中飲之，可辟瘟疫之氣，故曰蒲節。」蓋南方靠水區域較為廣泛，氣候雖溫和但帶潮溼氣重，正是細菌病毒傳染孳生的溫床，而昌蒲本身氣味相烈，葉形有脊如劍狀，根又可入藥，正好用作消毒抑菌之效。

•荔月：

荔枝開花於二、三月間，六月果熟，纍纍朱實，遠遠望去煞是美極，出產地蜀、閩、粵與台灣，由於果實多汁柔嫩，亦留下許多膾炙人口的記載。如蘇軾詩云：「日啖荔枝三百顆，無妨常做嶺南人。」另，唐朝楊貴妃對於荔枝更是愛不釋手。《華陽國志》載曰：「洛州城西五十里，唐朝有妃子園，中有荔枝百餘株，顆肥，為貴妃所喜，當時以馬載七日夜至京，人馬多斃。」杜牧有詩詠其事曰：「一騎紅塵妃子笑，無人知是荔枝來。」由於荔枝在六月是其大出之時節，故將六月稱之為荔月。

•瓜月：

一般俗稱的瓜類，大抵上都是以其能結果實為主，種類甚多如有苦瓜、絲瓜、西瓜、冬瓜……等。中國古代社會務農為主，農家春天種瓜，夏或秋天成熟可養口腹，《詩經》載曰：「七月食瓜，八月斷壺。」（壺，指瓠瓜也。）又云：「果酒嘉蔬以供老疾，奉賓祭瓜瓠苴茶以為常食；少長之義、豐儉之節然也。」故以七月稱其為瓜月。

●桂月：

《本草綱目》載曰：「其葉不似柿葉，有鋸齒有如枇杷葉面粗澀者、有無鋸齒如梔子葉而光潔者。叢生岩嶺間，俗呼為木樨；其花白者名銀桂，黃者為金桂，紅者名丹桂。有春花者、四季花者、逐月花者。」其產地有西南各省、海南島、廣西桂林，其他福建、廣東、雲南等亦有其生長的蹤跡。另外月中蟾桂、吳剛砍桂樹的傳說故事，因此將八月亦稱為桂月。

●菊月：

古人愛菊眾所周知，其中又以陶靖節為最。「四君子」：梅、蘭、竹、菊，菊亦在其中，可知古人愛菊之一般了，如詩云：「不羞老圃秋容淡，且看黃花晚節香。」菊可分觀賞與食用兩種，觀賞菊有紅、白、黃、紫等色，藥用菊則只有黃、白兩種。《太清諸草本方》記載：「九月九日採菊花與茯苓、松脂，久服令人不老。」陶淵明亦有：「余閒居愛重九之名，秋菊盈野，而持醪靡出。」故九月俗稱菊月。

•陽月：

《西京雜記》載曰：「十月，陰辰用事而陰不孤立。此月純陰，疑於無陽，故謂之陽月。」另，《五雜俎》亦載：「十月多煖，有桃李生花者，俗謂之小陽春。」《初學記》記載：「十月，天時暖似春，故曰小春；十月為陽月，故又名小陽春。」因此十月俗稱陽月，便可分曉。

•葭月：

葭者，蘆也，亦即蘆葦也。《後漢書•律曆志》載曰：「候氣之法，為室，周密布緹縵。室中以木為案，從其方位，加六律管於上，以葭灰抑其兩端，候陽氣生則灰飛。」十一月於十二月辟卦中為子為復，氣數陰極陽生，一陽復始，正是為「候陽氣生則葭灰飛」，故十一月以葭月稱之。

•臘月：

《瓊林幼學》故事載云：「歲終合祭神之名：夏曰嘉平、殷曰清祀、周曰大蜡、漢因秦曰臘。」臘者，祭祀之祖廟。根據記載，夏、商、秦十二月建丑、子、戌之不同，至漢武帝統一曆法十二月建於丑，而沿用至今。故自古即將十二月以臘月稱之。

貳、台灣廣義夏令時間表（含大陸時期）

民國	陽曆起訖日期
26 年	26 年 10 月 1 日起
34 年	至 34 年 9 月 30 日止
35 年	5 月 1 日至 9 月 30 日止
36 年	5 月 1 日至 9 月 30 日止
37 年	5 月 1 日至 9 月 30 日止
38 年	5 月 1 日至 9 月 30 日止
39 年	5 月 1 日至 9 月 30 日止
40 年	5 月 1 日至 9 月 30 日止
41 年	3 月 1 日至 10 月 31 日
42 年	4 月 1 日至 10 月 31 日
43 年	4 月 1 日至 10 月 31 日
44 年	4 月 1 日至 9 月 30 日
45 年	4 月 1 日至 9 月 30 日
46 年	4 月 1 日至 9 月 30 日
47 年	4 月 1 日至 9 月 30 日
48 年	4 月 1 日至 9 月 30 日
49 年	6 月 1 日至 10 月 31 日
50 年	6 月 1 日至 10 月 31 日
	中間暫停實施
63 年	4 月 1 日至 10 月 31 日
以後永久停止使用	

參、中州派星曜分法

正曜：北斗八星、南斗六星。
輔曜：左輔、右弼，天魁、天鉞。
佐曜：文昌、文曲，祿存、天馬。
煞曜：擎羊、陀羅，火星、鈴星。
空曜：地空、地劫。
化曜：化祿、化權、化科、化忌。
刑曜：天刑、擎羊。
忌曜：陀羅、化忌。
文曜：文昌、文曲，化科、天才、龍池、鳳閣。
科名曜：上述文曜，三台、八座，恩光、天貴，台輔、封誥，天官、天福。
桃花星曜：廉貞、貪狼、紅鸞、天喜，咸池、沐浴、天姚、大耗。

肆、流年文昌、文曲排法

流年文昌、文曲的排法跟原本的排法不但有異，且差了很多很大，故特在此提出提醒大家注意，以免犯下大錯。

• 如圖示：

流年干	文昌A	文昌B	文曲
甲	巳	巳	酉
乙	午	午	申
丙	申	申	午
丁	酉△	午△	巳
戊	申	申	午
己	酉	酉	巳
庚	亥	亥	卯
辛	戌	子	寅
壬	寅	寅	子
癸	卯	卯	亥

註：文昌、文曲星本為生時系星曜，但流年文昌、文曲星卻是依流年天干而排定。

伍、宗教人士的人事十二宮之釋義

命宮：主天賦、智慧、個性、才能。

徒弟宮：主出家前的同胞手足，以及出家後同門、信徒間之緣份。

道情宮：主出家前的感情或婚姻狀況，以及出家後之七情六慾。

小師宮：主出家前的兒女私情，也可看出家後與門人徒弟之相處緣份。

衣缽宮：主傳承信物、袈裟與缽，也可看財力與理財能力。

疾厄宮：主健康、病疾與體質的好壞。

遊行宮：主遊學、弘法與善緣之多寡。

人力宮：主晚輩或所擔當的工作與能力優劣。

師號宮：主地位、身分與成就。

本師宮：主對神佛的信仰與緣份，也可論寺廟的產權，以及處身環境的優劣。

福德宮：主安逸或勞祿，精神生活如修養、福田、福報，以及身後的口碑。

相品宮：主容貌、人緣，也包括可以看俗家的父母，以及出家後的師長情況。

陸、斗數「六線宮位」

「六線宮位」是根據著人事十二宮推演而來，基本概念是源自於「地支六沖」的理論，日後在實務論斷上，也是一項推斷的利器。其內容如下：

• 命遷線　兄僕線　夫官線
子田線　財福線　父疾線　如圖示：

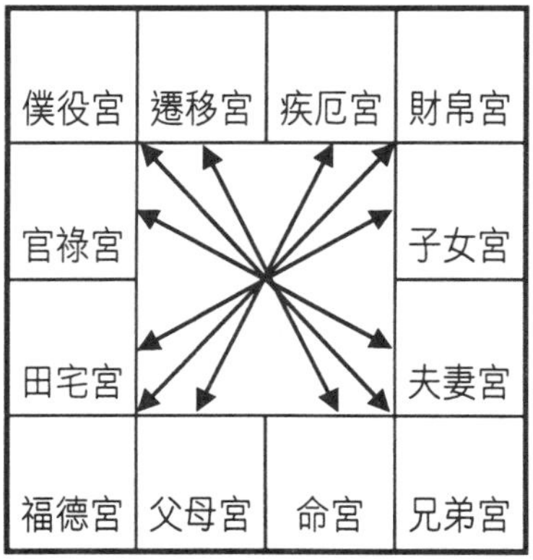

柒、華蓋星

華蓋星僅落在生年支三合局之墓位。若是命單坐華蓋，宜出家或是吃眾人飯。

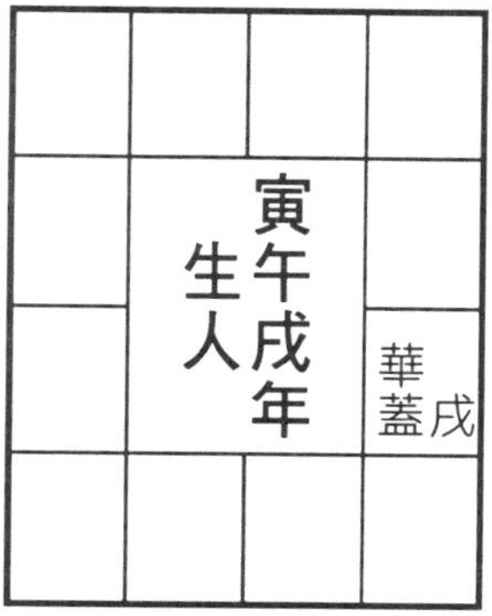

(1)

(2)

(3)

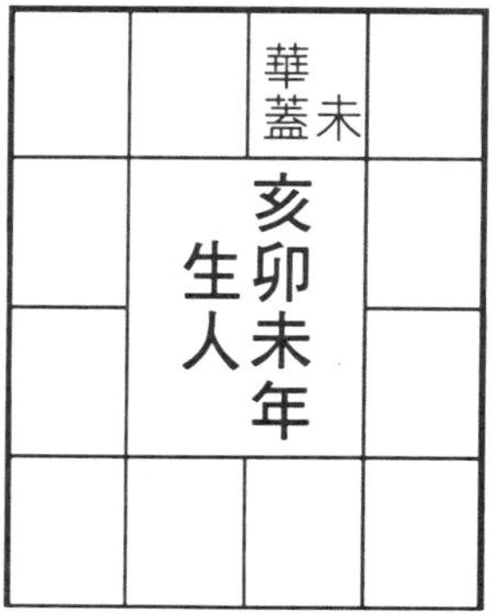

(4)

大展好書　好書大展
品嘗好書　冠群可期

大展好書　好書大展
品嘗好書　冠群可期